KB058465

GPT 사피엔스

인공지능을 가장 잘 활용하는 신인류의 탄생

GPT 사피엔스

홍기훈 지음

21세기북스

상식과 사회적 맥락에서
바라본 챗GPT

나는 경제학자로 케임브리지대에서 경제학 박사를 받았고 통계와 금융 경제를 전공했다. 경제학자가 왜 챗 ChatGPT에 대해 이야기하는지 궁금한 사람도 있을 것 같다. 그리고 AI 기술에 대한 나의 전문성을 의심할 수도 있을 것 같다.

사실 사회과학자인 나는 과학기술에 대해 잘 아는 사람은 아니다. 물론 통계를 전공하면서 머신러닝이나 AI에 대한 배경지식이 없는 건 아니지만, 머신러닝이나 AI를 전공한 전문가들에 비해 기술적 이해도가 높다고 할 수는 없다.

그러나 사회과학자의 관점으로 새로운 기술을 보는 것도 매우 중요한 일이라고 생각한다. 기술도 결국 사회 속에서 활용되고 인간을 위해 사용되기 때문이다.

기술이 발전하는 데는 기술 그 자체의 발전도 중요하지만 우리 사회가 그 기술을 얼마나 필요로 하고 왜 필요로 하는지와 같은 사회적 맥락이 어떻게 보면 더 중요할 수 있다. 왜냐하면 기술이 사회에 나오기 위해서는 엄청난 비용을 필요로 하기 때문이다. 사회의 구성원들 중 누군가가 그 기술을 필요로 하지 않는다면 기술 자체만으로 발전하기는 매우 어려울 것이다.

이러한 점에서 사회과학자의 역할은 우리가 챗GPT라는 새로운 기술을 어떻게 바라봐야 하는지, 이것이 탄생한 맥락은 뭔지, 이 기술이 우리 사회를 어떻게 바꿀 것인지와 같은 사회적 맥락을 짚어보는 것이라고 생각한다. 그러므로 이 책에서는 이런 이야기를 중심으로 풀어나가려고 한다.

물론 기술에 대한 언급을 안 할 수는 없다. 그리고 기술에 대한 언급은 아무래도 머신러닝과 AI에 초점을 맞추게 될 것이다. 이것이 내가 가장 잘 이해하는 분야이기도

하기 때문이다. 내가 모르는 이야기 그리고 맥락적 이해에서 벗어나는 이야기는 과감히 생략하고자 한다. 당연하지만 이 주제들만 해도 엄청나게 광범위하고 많은 내용을 담고 있기 때문이다. 머신러닝만 가지고도 100권의 책을 쓸 수 있을 것이다. 그래서 기술적 디테일보다는 내가 가장 잘 아는 사회적 맥락의 이해에 좀 더 집중해서 이야기할 것이다.

그러므로 이해하기 어려운 이야기는 별로 없을 것이다. 나도 관련 강의를 들으면서 IT 전문가들이 어려운 말을 참 많이 쓴다고 생각했고, 이해하기 어려운 기술을 이해시키려고 노력한다는 생각이 들었다. 하지만 머신러닝이라는 것 하나만 해도, 챗GPT를 이루는 것에 대한 설명 한 꼭지만 해도 10년, 20년 연구해야 이해할 수 있는 영역이다. 따라서 그것을 일반 사람들에게 기술적으로 이해시킨다는 건 쉽지 않은 일이고, 꼭 알 필요도 없다.

우리가 알아야 할 것은 이 기술이 왜 나왔고 왜 필요한지, 내가 이 기술을 어떻게 사용할 수 있을지에 관한 얘기다. 그리고 이런 얘기라면 누구나 충분히 이해할 수 있다.

따라서 이 책에서는 지극히 상식적인 측면에서 챗GPT를 이야기하려고 노력했다. 엄청나게 미래 지향적인 이야기를 하면 이해가 안 되거나 믿음이 안 갈 수 있다. 나도 그렇다. 그래서 우리가 알고 있는 지식의 연장선상에서 덧붙인다는 의미로 설명하고자 한다.

아마도 대부분의 우리 사회 구성원들은 AI기술의 디테일보다는 내가 이야기하고자 하는 사회적 맥락을 더 궁금해할 것이다. 챗GPT가 어떤 기술인지 궁금해하기보다는 누가, 무엇을, 언제, 어디서, 왜, 어떻게와 같은 육하원칙에 따라 챗GPT를 배우고, 이해하고, 응용하고 싶은 독자들에게 이 책이 유용할 것이라고 생각한다.

1부에서는 우리가 기술의 혁신을 어떻게 바라봐야 하는지에 대해 먼저 설명한다. 그리고 2부에서는 새 기술의 출현이 무슨 맥락적 의미를 가지고 있는지 인류의 역사에 비춰서 이야기해본다. 3부에서는 인공지능 기술이 어떻게 변화해왔고, 이것의 목적성이 무엇인지에 대해 논의한다. 마지막으로 4부에서는 평범한 사람들 입장에서 챗GPT가 우리 삶에 어떤 변화를 주고, 어떤 비즈니스 기회를 가져올 것이며, 도대체 내가 이것에 어떻게 적응을 해야 되는지에 대한 문제를 이야기할 것이다.

앞으로도 많은 기술이 새로 등장할 것이다. 그것은 전문가들 입장에서는 오랫동안 연구해온 것일지라도 일반 사람들에게는 항상 새롭고 혁신적으로 다가올 것이다. 그리고 언제나 그것이 세상을 바꿀 거라고 호들갑을 떠는 언론이나 자신의 이익을 위해 투자자들을 호도하는 사람들도 등장할 것이다. 저마다의 생활에 바쁜 우리가 이해하기 힘든 어려운 기술을 매번 공부하고 이해할 수도 없는 노릇이다.

그렇기 때문에 이 책을 통해 기술을 사회적 맥락에서 바라보는 시각과 앞으로의 기술에 대응하는 지혜를 조금이라도 전달하고 싶었다. 세상에 갑자기 떨어지는 기술 혁신이란 없기에, 기술과 사회의 역사적 흐름과 맥락을 알면 미래를 살아가는 통찰력을 얻을 수 있을 것이다. 또한 새로운 기술의 등장에 지나치게 두려워하거나 반대로 장밋빛 꿈에 들뜨는 일을 막고, 그것을 현명하게 이용하며 삶의 도구로 만들 수 있을 것이다. 이 책이 기술과 함께할 여러분의 삶에 조금이나마 도움이 되기를 바란다.

2023년 5월

홍기훈

Dark Mode

Updates

Log out

PART 1

기술 혁신의 사회적 맥락

역사적으로 혁신이라는 단어는 어디에 붙여졌는가?

Regenerate response

>>>

기술이 발전한다고 해서 그게 우리한테 무조건 도움이 될까? 그렇지 않다. 발전한 기술을 활용할 수 있어야 우리 삶에 도움이 된다. 전문가나 기업 혹은 투자자들은 막연히 "기술이 발전하니까 우리는 돈을 벌 거야. 이런 엄청난 기술을 갖고 있으니까"라고 말하기도 한다. 그러나 이 기술을 어떻게 활용하는지에 대한 고민 없이는 인류에게 아무런 도움도 되지 않을 것이다.

AI의 미래에 대한 상반된 전망

10년마다 나오는 신기술

2012년에 블록체인과 비트코인을 처음 목격했다. 그전에 IT 버블을 경험했던 세대이기는 하지만 실질적으로 기술의 혁신이라는 것을 연구하고 더 상세하게 바라보기 시작한 것은 블록체인이 나왔을 때다.

당시 블록체인과 비트코인, NFT와 메타버스 같은 기술들이 우리 사회를 혁신적으로 바꿀 것이며, 다 뒤집어엎을 것이라는 말을 너무나도 많이 들었다. 그게 불과 10년 전이다. 그런데 현재 블록체인이 세상을 그렇게 바꿨는가? 그렇지 않다.

좀 더 거슬러 올라가보자. 블록체인 전에는 메타버스가 있었다. 메타버스를 우리는 '세컨드 라이프second life', 즉 온라인 세계라고 불렀다. 그 이전에는 인터넷이 있었다. 1990년대 후반에 인터넷이 보급되었다. 초고속 통신망이 일반 가정에도 보급되면서 우리 생활이 많이 바뀌었다. 또 그 이전에는 모뎀이 있었다. 전화선을 연결해 PC 통신을 하던 시절이다.

이처럼 5년에서 10년 주기로 새로운 기술이 계속해서 나오고, 매번 새 기술이 우리 사회를 송두리째 바꿔놓을 것이라고 말한다. "이번엔 다르다. 이건 정말로 세상을 바꿀 기술이다. 이것은 우리 인류에 있어서 획기적이고 혁신적인 일이다"라고 말하는 현상이 사실상 10년에 한 번씩 벌어지고 있는 것이다.

최근 몇 년간 우리가 마주한 가장 큰 기술 혁신은 인공지능AI일 것이다. 2016년 알파고가 등장했을 때의 충격을 기억할 것이다. 구글 딥마인드가 개발한 인공지능 바둑 프로그램인 알파고는 이세돌 기사와의 대국에서 4승 1패로 승리해 세계를 놀라게 했다.

그리고 이제 우리는 챗GPT라는 알파고보다 더 진화한 형태의 인공지능을 마주했다. 그러자 새로운 기술의 등장과 함께 갖가지 전망도 등장했다. 누군가는 유토피아적인, 또 누군가는 디스토피아적인 상상력을 발휘하기도 한다. 우리는 이 기술을 어떻게 바라봐야 할까? AI가 개발된 이래, 전문가들 사이에서도 AI의 미래에 대한 상반된 전망이 존재했다.

민스키와 1세대 AI 선구주자들의 회의론

마빈 민스키Marvin Minsky는 AI 연구의 기반을 형성했다는 측면에서 가장 중요한 역할을 한 선구자 중 한 명이다. 그럼에도 불구하고 민스키와 초기 AI 선구주자들은 기술적, 상징적, 자원적 한계들로 인해 AI 기술에 대해 어느 정도 회의론적인 견해를 표명했다.

구체적으로 민스키와 초기 AI 연구자들이 만들어낸 결과물은 대중의 기대에 못 미치는 수준이었던 것이 사실이다. 이 때문에 일부 연구자들은 AI의 발전 속도와 성공 가능성에 대해 기술적 한계가 있다고 생각하여 AI의 미래에 대해 비관적이었다. 당시 컴퓨터의 연산 능력과 메모리 용량 또한 현대에 비해 매우 제한적이었기 때문에, 실제로 그들이 개발한 AI의 성능은 하드웨어의 기술적 혁신 없이는 크게 향상되기 어려웠다.

이러한 기술적 한계에 더해 상징적 접근의 한계가 존재했다. 초기 AI 연구는 상징적 지식 표현과 추론에 초점을 맞추고 있었는데, 이러한 접근법은 복잡한 문제를 해결하는 데 있어 매우 비효율적이었다. 왜냐하면 컴퓨터가 인간과 소통하는 방식이 추상적일 수 없었기 때문이다. 인간은 귀납적 사고를 통해 파편화되어 있는 구체적인 지식으로부터 추상적인 개념을 도출해낼 수 있었던 반면에 컴퓨터는 그러한 기능을 갖추지 못했다.

이런 알고리즘을 개발하는 것은 AI의 초기 단계에서는 사실상 불가능했고, 연구자들은 이러한 한계를 인식하게 되었다. AI의 초기 연구단계에서는 기계가 인간의 지능을 모방하게 만들려고 했는데, 인간의 지능은 복잡하고 다양한 양상을 보이는 데다가 복합적 인지가 직관적 이해로 이어지는 과정을 컴퓨터로 구현하는 것은 초기 AI 연구자들에게는 지나치게 어려운 목표였다.

거기다가 자원이 터무니없이 부족했다. 초기 AI 연구 성과가 대중의 기대에 미치지 못하자, AI 분야에 대한 비판이 제기되면서 일부 연구자들은 그들의 연구에 대한 지원을 잃게 되었다. 이로 인해 초기 AI 연구의 발전이 둔화되었고, 일부 연구자들은 AI의 미래에 대해 회의론적으로 느끼게 되었던 것이다.

물론 이러한 회의론에도 불구하고, AI 분야는 지난 수십 년 동안 큰 발전을 이룩한 것이 사실이다. 인공신경망, 머신러닝, 딥러닝 등의 기술이 발전함에 따라 AI 성능이 획기적으로 향상되었으며, 이제는 다양한 분야에서 AI의 활용이 이루어지고 있다. 그러므로 현재의 AI 연구와 발전 상황은 초기 선구주자들의 회의론을 뛰어넘은 것으로 볼 수 있을 것이다.

커즈와일과 미래학자들이 말하는 '격변론'

회의론과 달리 AI가 인간 세계를 크게 변화시킬 거라고 전망하는 학자도 있다. 레이 커즈와일Ray Kurzweil은 혁신적인 기술과 미래에 대한 예측으로 유명한 미래학자이자 발명가이자 작가다. 그는 마빈 민스키의 제자이자 초기 AI 연구에 커다란 공헌을 했다. 커즈와일과 그에게 동의하는 미래학자들은 '격변론'이라고 불리는 기술의 급격한 발전과 그에 따른 사회, 경제, 문화적 변화를 예측하는 이론을 주장한다.

인간의 지능을 갖춘 인공지능의 출현이 인류를 위협할 것이라고 주장하는 미래학자가 아주 많은데, 커즈와일은 그와는 반대로 오히려 인간은 점점 기계처럼 사고하고, 기계는 점점 인간처럼 사고하게 될 것이라고 주장한다. 이러한 주장은 그의 저서인 『특이점이 온다』에 잘 나타나 있다. 커즈와일이 주장하는 격변론의 핵심 개념은 다음과 같다.

1. 기술적 특이점Technological Singularity: 커즈와일은 인공지능이 인간 지능을 능가할 것이며, 이로 인해 지능이 기하급수

적으로 증가하게 될 것이라고 주장한다. 이러한 지점을 '기술적 특이점'이라고 부른다. 그는 기술적 특이점 이후에는 인간과 기계의 경계가 흐려지게 되어, 사회와 경제에 엄청난 변화가 발생할 것으로 예측한다.

2. 지수적 발전Exponential Growth: 커즈와일은, 기술은 선형적으로 매번 일정하게 발전하는 것이 아니라 지수적으로 어느 순간 가속도가 붙어서 발전한다고 주장한다. 이는 새로운 기술이 더 빠른 속도로 발전하고, 그 결과에 따라 사회의 변화도 더 빠르게 진행될 것이라는 의미다.

3. 가속화 수익의 법칙Law of Accelerating Returns: 이 법칙에 따르면, 기술의 발전 속도는 과거의 기술 발전으로 인해 빠르게 증가하고 있으며, 이로 인해 미래의 변화는 갈수록 더 예측하기 어려워질 것이다.

4. 통합된 기술Integrated Technologies: 격변론은 인공지능, 나노기술, 생명공학, 로봇공학 등 여러 기술 분야가 궁극적으

로 결합될 것이라고 주장한다. 이러한 통합된 기술은 서로 상호작용하며, 사회 전반에 걸쳐 놀라운 변화를 가져올 것으로 예측된다.

민스키를 중심으로 하는 초기 AI 연구자들이 초기 AI 연구 결과를 보고 회의적이 되었던 이유를 '기술 비용이 너무 비싼데 역량이 부족하여 발전 가능성이 부족하다' 정도로 요약할 수 있다. 연구자들은 AI 기술의 비용과 연구 역량을 중심으로 고민한 것이다.

이와는 반대로 커즈와일에게 동의하는 미래학자들이 초기 AI 연구에 대해 낙관적이었던 이유는 '어느 순간 기술의 발전에 가속이 붙을 것이며 결국 모든 기술이 통합되어 시너지를 일으킬 것이다' 정도로 요약할 수 있다. 이들은 순수하게 기술 그 자체에 집중해서 이러한 의견을 가졌다.

기술은 정말 세상을 바꿨는가?

금융 혁신의 사례에서 기술 혁신을 엿보다

1950년대에 뉴욕의 흑백 사진을 구글에서 한번 검색해보라. 놀랍게도 지금과 거의 똑같다는 걸 알 수 있다. 당시에 이미 전동 킥보드를 타고 다니는 사람들 사진도 있다. 월마트도 지금의 월마트와 1950년대의 월마트가 그리 다르지 않다.

뭔가 이상하지 않은가? 70년 전의 뉴욕과 지금의 뉴욕이 그렇게 유사한데, 그리고 우리가 생활하는 패턴도 유사한데, 왜 10년에 한 번꼴로 세상을 뒤집을 만한 신기술이 나오는 것일까? 나는 블록체인 이전에 금융 혁신에 관해 주로 연구했는데, 금융 분야에 빗대어 생각해보면 이런 흐름을 더 잘 이해할 수 있다.

경제학자 케네스 로고프의 저서 『이번엔 다르다』를 보면 역사적으로 혁신의 패턴을 찾을 수 있다. 그는 "이번엔 다르다"라는 말이 나오면 항상 금융 위기가 온다고 말한다.

로고프는 우선 1930년대 대공황의 예시를 제시한다. 제1차 세계대전 이전까지만 해도 유럽이 세계의 주 무대였고 미국은 라이징스타였다. 다시 말해 미국은 유럽의 보조적인 역할을 하면서 치고 올라오던 신흥 국가였다. 그런데 제1차 세계대전을 기점으로 해서 미국은 경제적으로 엄청나게 발전하고 호황을 누린 반면, 상대적으로 유럽은 전쟁의 잿더미 위에서 가난에 허덕였다.

제1차 세계대전을 계기로 미국은 세계의 가장 큰 패권국으로 등극한다. 정치적으로도 안정돼 있었고 지속적인 성장을 했다. 생산량은 계속해서 늘어났다. 거기에다가 자동차 산업이 성장하면서 그 연계 산업들, 석유 산업, 타이어 산업, 도로 인프라 건설 등이 다 같이 호황을 누렸다.

우리 현대자동차를 보면 수많은 하청업체가 있듯 미국의 자동차 업체 포드도 마찬가지였다. 수많은 하청업체가 다 같이 성장했고, 그러다 보니 산업이 급격하게 팽창했다. 그로 인해 당연히 경제가 성장했다. 경제가 성장하면 사람을 고용하니까 고용 창출이 일어난다. 가만히 있어도 돈이 벌리고 일자리가 생기는 것이다.

그러다 보니 사회 전반적으로 지나치게 낙관적인 전망이 돌았다. 1920년대에 미국은 뭐든 하면 다 될 것만 같았다. 미국 사람들은 "새 시대가 왔다. 우리는 이제 세계의 중심이 될 것이다. 그리고 미국은 전에 없었던 새로운 시대를 맞이하고 있다"라고 이야기했다.

이러한 낙관론은 지나친 투자로 이어졌다. 돈을 더 투자하면 더 많은 돈이 벌릴 것 아닌가. 지금 돈을 많이 벌고 있으니 더 많은 투자를 하고, 동시에 더 많은 소비가 일어난다. 그 결과 인플레이션이 발생한다.

그래서 발생한 것이 블랙먼데이Black Monday, 즉 대공항이다. 대공황이 오면서 미국이 제1차 세계대전 이후 10년간 쌓아놓았던 경제적 부를 한순간에 날려버렸다. 모든 사람이 "이번엔 다르다. 새 시대가 온다"라고 이야기하던 때에 대공황이 와서 모든 걸 없애버린 것이다.

그러자 이제 사람들이 "우리는 끝났다"라고 말하기 시작했다. 그리고 신흥국으로부터 자본을 계속 차입해왔다. 신흥국이라고 하지만 사실은 중국이다. 중국이 미국 채권을 계속 사줬다. 채권을 산다는 것은 곧 돈을 빌려준다는 뜻이다. 미국은 계속해서 중국에서 돈을 빌려온 것이다.

그러다 보니 미국에는 돈이 넘쳐나게 된다. 자본이 계속 유입되면 그 돈을 가지고 사람들이 뭘 하겠는가? 한번 행복한 상상을 해보자. 갑자기 10억 정도가 생기면 뭘 할 것인가? 우선 이사부터 할 것이다. 대부분 좋은 집에서 살고 싶은 욕구가 앞선다. 미국 사람들도 마찬가지다. 돈이 생기고 일자리가 늘어나고 안정된 수입원이 생기자 이들은 더 좋은 집으로 이사를 한다. 더 좋은 집으로 이사하려면 어떻게 하는가? 보통은 내 돈만으로 더 좋은 집을 얻는 게 아니라 대출을 받는다. 그러니까 은행들도 돈을 더 벌 수 있게 된다.

은행이 돈을 많이 벌면 뭘 할까? 그 돈을 다시 빌려준다. 그렇게 빌려준 돈을 받은 사람들은 또 뭘할까? 그 돈으로 다시 부동산을 산다. 그러면서 부동산 가격이 GDP보다 훨씬 빠르게 성장하기 시작했다. 그게 2000년대 초중반의 일이다. IT 버블이 끝난 시점부터 2006년, 2007년까지 부동산 가격이 엄청나게 빠르게 올라갔다.

금융 혁신의 결과는 금융 위기?

그런데 이때 미국 중앙은행장이었던 앨런 그린스펀은 문제없다고 했다. 그는 이런 경제 상황에 대해 '금융 혁신을 통해 모기지mortgage를 유동화시켜서 위험을 분산시키고 있는 것'이라고 했다.

이게 무슨 뜻일까? 모기지란 '부동산담보대출'이다. 보통 집을 사려면 부동산담보대출을 받지 않는가. 그 부동산담보대출을 여러 개 모으면 분산 효과가 일어나서 위험이 떨어질 것이다. 이렇게 모기지를 여러 개 묶어 만든 금융상품이 MBS(주택저당증권)다.

금융기관들은 부동산 담보대출을 위한 채권들 중 가장

위험한(파산할 확률이 가장 높은) 채권들만을 빼고 나머지를 채권들로 이루어진 펀드를 조성하여 도로 팔았다. 원래 전체는 너무 위험해서 연기금을 포함한 기관투자자들이 살 수 없던 물건들인데, 상대적으로 안전한 부분만 모아서 팔게 되니까 기관투자자들이 살 수 있게 된다.

이렇게 되면 은행들은 기관투자자들에게 주택저당증권을 매각하여 부동산 담보대출을 위해 빌려준 돈을 회수할 수 있다. 은행은 회수한 돈으로 무엇을 할까? 은행의 본업에 충실하게 그 돈을 다시 집을 사려는 사람들에게 빌려주고, 빌려준 그 돈은 다시 부동산 시장에 유입된다. 그 결과 부동산 가격은 또 올라가는 것이다.

그러면 중앙정부나 중앙은행에서 부동산 시장이 과열돼 있다고 여기고 제지를 해야 하는데, 중앙은행장이 'MBS라는 금융 혁신을 통해 위험을 줄이고 있기 때문에 문제가 없다'고 말한 것이다. 그런데 자본을 계속 차입해서 부동산 버블을 만들어내게 되므로, 생산성이 올라가지 않았는데 자본을 계속 빌리는 효과가 나는 것이다.

막상 금리 인상을 해야 하는 시기를 맞이하니까 이 모기지들을 갚을 수 없게 되어 금융기관들이 줄줄이 연쇄 도산을 했다. 이게 2008년의 서브프라임 모기지 사태다. 다시 말해, MBS들이 위험을 분산시켜줬기 때문에 이것은 문제가 생길 수 없다, 즉 "이번엔 다르다"라고 말했고, 그 결과는 금융 위기였다.

이런 역사에서 볼 수 있듯 금융이든 기술이든 결국 패턴은 똑같다. 기술의 혁신이 일어나건 금융의 혁신이 일어나건 새로운 뭔가가 나타나면 낙관론이 형성된다. 그러면 비합리적인 경제 활동이 일어나면서 버블이 생기고, 이는 결국 파국으로 이어진다.

생산할수록 비용이 떨어지는 기적의 산업

기술 혁신도 금융 혁신과 크게 다르지 않다. 1999~2000년에 인터넷 열풍이 있었다. 해저 광케이블이 깔리기 시작하면서 태평양과 대서양을 건너 전 세계가 인터넷으로 연결되었다. 사람들은 열광할 수밖에 없었다. 생각해보라. 그전에는 미국에 있는 가족한테 전화 한번 하려면 아주 비쌌다. 그런데 이제 굳이 국제전화를 할 필요가 없어졌다. 이메일을 쓸 수도 있고 정보가 직접적으로 왔다 갔다 할 수 있는 시대가 열린 것이다.

가정용 PC가 보급되기 시작하면서 사람들은 인터넷을 이용하기 위해 컴퓨터를 샀다. 그 결과 반도체 산업부터 시작해서 컴퓨터를 만드는 회사들과 그 하청업체들이 호황을 누렸다. 그러다 보니 사람들이 '이거 돈 되는데?'라는 생각을 하게 된다. 계속해서 투자가 일어나고 계속해서 사람들이 컴퓨터를 구매한다. 인터넷을 기반으로 하는 회사들이 우후죽순 생겼다. "인터넷의 파급력을 믿어야 한다. 이것은 새로운 세계를 가져올 것이다"라는 말이 나왔다.

IT를 기반으로 하는 새로운 유망 분야가 짠! 하고 나타나면서 새로운 경제가 펼쳐졌다고 생각했다. 전통적인 제조업에서는 가내수공업으로 하나를 만드는 것보다 대량으로 만들어야 비용이 줄어드는데, 이것을 '규모의 경제'라고 부른다. 그래서 포드 같은 기업들이 공장을 크게 만들어놓고 노동자들이 컨베이어벨트에서 각자 자기 일만 하게 한

다음 비용을 지급한다.

　규모의 경제를 도입하면 비용은 줄어들지만 그 규모가 너무 커지면 도리어 관리가 안 된다. 그러면 '규모의 불경제'가 일어나면서 비용이 다시 올라간다. 이게 일반적인 경제학에서 말하는 '비용 곡선'이다. 이것은 규모의 경제를 이루면서 단가 비용이 떨어지다가 어느 순간에 규모의 불경제에 이르면 비용이 다시 올라가는 현상이다. 그러니까 비용이 떨어진 시점에서 생산을 멈춰야 한다는 것이다.

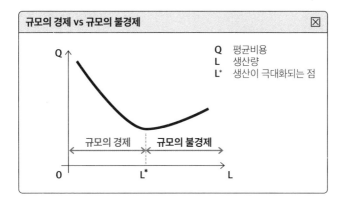

그런데 IT를 기반으로 한 정보 산업은 다르다. 사실상 비

용이 올라가지 않는다. 이것을 '규모 수익의 체증'이라고 부른다. 이는 곧 한계수익이 계속해서 올라간다는 뜻이다. 그리고 상품을 생산할수록 한계비용은 계속 줄어든다. 인터넷을 사용할 때 인프라를 한번 깔아두면, 전기세를 제외하면 검색 한 번 더 한다고 해서 돈이 더 들어가는 게 아니니까 말이다.

그러다 보면 평균 비용은 계속 떨어진다. 생산을 많이 할수록 비용은 더 떨어진다는 뜻이다. 경제학적으로 말하면 규모의 경제가 계속해서 이어지는 것이다.

따라서 규모 수익 체증은 IT 산업에서 제일 중요한 특성이다. 세상에 이런 산업이 없었다. 물건을 많이 만들어내면 만들어낼수록 비용이 떨어진다니, 그야말로 신세계 아닌가. 그렇다면 IT 기업은 생산 비용을 고민할 필요 없이 그냥 많이 생산하면 된다. 그냥 계속해서 아주 많이 생산해버리면 비용이 0에 수렴하게 되기 때문이다.

이것이 '신新경제론'이다. 경제론 앞에 '새로운'을 뜻하는 '신' 자가 붙었다. 신경제론의 핵심은 기술에 의한 규모의 경제, 그리고 그로 인한 비용 절약이다.

그런데 이 이야기 어디서 들어보지 않았는가? 2020년,

2021년에 한창이던 플랫폼 경제 이야기를 기억하는가? 플랫폼 경제도 똑같은 논리다. 계속해서 몸집을 키워 독점하게 되면 그때부터 돈을 벌 수 있다고 주장한 것이다. 규모가 커지면 돈을 벌 수 있다는 것이다.

규모가 커지면 돈을 벌 수 있다고 하면, '그럼 현대자동차는 그냥 계속해서 더 많은 물건을 만들어내야 하는 거 아닌가?'라는 상식적인 질문을 해볼 수 있을 것이다. 그런데 IT를 이용한 산업은 다르다는 게 이 주장의 핵심이다. 그렇다 보니 '정말 새 시대가 열렸나?'라고 생각하게 된다.

그 결과 인터넷 기업들의 주가가 오르기 시작했다. 주가가 올라가면 투자자들이 열광한다. 비트코인이 사실 아무 가치가 없다는 걸 이제는 다 알지만, 그럼에도 가격이 오르면 투자자들이 열광한다. 당장 돈이 되기 때문이다.

아는 사람이 비트코인으로 돈을 벌었다고 하면 나는 뒤처진다는 불안감이 생긴다. 그러면 안 하던 사람들도 '나도 해봐야 하나?'라는 생각을 하게 된다. 그래서 투자 심리가 극대화된다. 그 회사가 정확히 뭔지 몰라도, 그 코인이 어떤 코인인지 잘 몰라도 투자를 한다.

기술에 대한 기대가 부른 투자 과열

닷컴 버블 때도 똑같았다. 기업 이름에 '닷컴'만 붙으면 기업의 가치가 급등하는 현상이 일어났다. 예를 들어 생선 단백질 관련 사업을 하던 '자파타헤이니 코퍼레이션'이라는 회사가 있었다. 이 회사 이름 뒤에 닷컴을 붙였더니 주가가 7~8배로 뛰었다. 지금 보면 굉장히 비이성적인 현상으로 보일 것이다. 그런데 사람들이 거기서 돈을 벌고 있다? 그러면 여러분도 거기에 투자하지 않겠는가.

실적이 하나도 없는 인터넷 기업들이 다 상장하기 시작했다. 그런데 대부분 공모가를 하회했다. 지금도 공모가를 하회하는 IT 그리고 플랫폼 기업이 너무 많다. 투자했던 사람들이 고통받고 있다는 기사가 가끔 나온다. 그때나 지금이나 상황이 똑같다.

최근에 IT 기업이라든지 혁신 산업을 한다고 해서 실적도 없고 영업 이익이 나지 않는데도 상장했던 회사들의 주가를 한번 보라. 닷컴 버블 때도 똑같았다. 영업 이익은커녕 매출이 없는 회사도 기술 특례 상장 같은 걸 이용해서 상장을 했다. 그러면 공모가가 제일 높은 가격이다. 그때부터 계속 떨어지는 것이다. 이런 회사가 아주 많다. 지금도 생각나는 회사만 수십 개가 있다.

1995년부터 2000년까지 나스닥 종합주가지수가 400%, 4배가 올랐다. 주가지수가 4배 올라간다는 게 어떤 의미인지 상상할 수 있는가? 모든 주식이 다 같이 올라가는 것이다. 이게 말이 되는 걸까? 그동안 미국의 GDP가 20%도 채 성장하지 못했는데 주가지수는 400%나 올랐다.

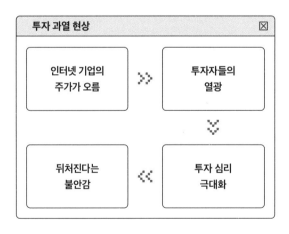

제조업이나 실질적인 경제에서 생산 역량이 늘어나지 않는데 종합주가지수만 계속 올라갔다. 실적 없는 회사들이 계속해서 상장되면서 가격이 쭉쭉 올라가고, 이로 인해 주가지수가 계속 끌어올려지는 현상이 벌어진 것이다. 우리나라의 2020~2021년을 생각하면 된다. 2020~2021년에도 실적 없는 비상장기업의 주가가 엄청나게 올라 10억 달러(약 1조 2000억 원) 이상의 비상장 스타트업 기업을 말하는 유니콘과, 유니콘의 10배 이상의 가치를 가지는 데카콘 기업까지 속출했다. 결론은 어땠는가? 2001년에야 사람들은 깨달았다. 2021년의 결과는 지속될 수 없다는 걸 말이다. 2023년 많은 스타트업의 가치가 폭락했다.

'계속해서 주가가 오르는 것은 지속 가능하지 않다'라는 생각이 어느 순간 들 수밖에 없다. 결국 버블이 꺼지면서 시장이 붕괴되고 투자자들은 5조 달러의 손실을 기록했다. 5조 달러면 우리 돈으로 약 6천조 원이다. 기술 혁신이라는 이름의 희망을 좇던 사람들이 실로 어마어마한 손실을 입은 것이다.

'이번엔 다르다', 새로움에 대한 갈망이 만들어낸 말

증권사 사람들의 이야기를 하면 조금 더 와 닿을 것 같다. 월스트리트의 분석가들은 주식 시장이 새로운 국면에 들어섰다는 말을 3년에 한 번씩 반복한다. 아니, 3년이 아니라 3일마다 말할 때도 있다. "주식 시장이 새로운 국면에 접어들었다. 이 주식을 사야 한다"라고 말이다. 여러분은 그 말을 다 믿는가? 아닐 것이다. IT 기업에 열광하는 주식 시장의 흐름에 편승하고자 기업명에 닷컴이라는 단어를 추가한 결과는 폭락이었다는 걸 기억하자.

다시 블록체인의 예를 들어보겠다. 자꾸 블록체인의 예를 드는 것은 가장 최근의 일이라 많은 사람이 기억하고 이해하고 있을 것이기 때문이다.

2009년에 비트코인이 '짠' 하고 나타났다. 나카모토 사토시라는 사람이 최초의 블록인 제네시스genesis 블록을 채굴하면서 첫 거래가 일어났다. 그러고 나서 2016년 우리나라에서 ICO 열풍이 있었다. 2017년에는 1차 코인 가격 폭등이 있었다. 이때를 나는 생생하게 기억한다. 내가 블록체인 기술에 깊이 관여하던 시기였는데 우려가 많이 되었다. 왜냐하면 블록체인 기술이 어떤 것인지도 잘 이해하지 못하겠는데, 이 기술이 30년 뒤 미래를 보고 개발하는 기술이라는 소리를 참 많이 들었기 때문이다. 너무나도 많은 사람이 30년 뒤의 더 나은 사회를 위해 지금 코인을 사라고 이야기했다.

'도대체 30년 뒤의 미래를 어떻게 바라보지?'라는 생각이 들었는데 너무나 많은 사람이 여기에 열광했다. 그 이유가 뭔지 아는가? 2017년의 상황을 보면 알겠지만 코인 가격이 올라서다. 말은 블록체인 기술이 중요하다고 하면서 사람들의 눈은 코인을 향해 있었다. 왜? 돈이 되니까!

그러나 2019년에 '크립토 겨울crypto winter'이 왔다. 이것은 '가상화폐 겨울'을 뜻하며 단순히 코인 가격이 떨어지는 현상을 말한다. 기술은 어디 안 갔다. 블록체인 기술은 그대로 있는데 코인 가격이 떨어지자 사람들은 블록체인 기술에 관해 관심을 잃었다. 신기하지 않은가. 2017년에는 블록체인 기술에 그렇게 많은 관심을 가졌던 사람들이 2019년에는 블록체인 기술을 잊은 것 같았다.

그러더니 2021년에 2차 코인 가격 폭등이 일어났다. 그러자 이번에는 블록체인 기술을 기반으로 한 NFT 기술이라는 것에 사람들이 관심을 가졌다. NFT에 대해 내가 강의를 한 100번은 한 것 같다. 너무나 많은 사람이 NFT에 대해 궁금해했기 때문이다. 그런데 지금은 어떤가? NFT에 대한 관심도 꺾였다.

　블록체인에는 '유례 없는 혁신, 이전에 보지 못할 기술, 세상을 바꿀 기술' 같은 미사여구가 붙었다. '이번엔 다르다. 인류의 삶을 송두리째 바꿔버릴 수 있다'라고 했다. 그러면서 거기에 단서를 붙였다.

　　"그런데 실적이 날 때까지는 시간이 필요하다."

　아직 발전 단계라 기술이 더 발전해야 한다는 것이다. 그 후로 15년이 흘렀는데 실적이 나지 않았다. 결국에는 코인을 제외한 그 어떤 블록체인 산업도 유지되지 못했다.

　이 업계에서 가장 많이 쓰였던 키워드들을 다시 한번 보자. 기술, 혁신, 돈, 버블, 이런 키워드가 반복적으로 등장한다. 전 세계 사람들이 블록체인을 사용할 것이라고, 비트코인과 블록체인이 세상을 바꿀 것이라고 이야기했던 사람들이 지금 뭐라고 이야기할지 궁금해진다. 지금 그 사람들이 다 어디 갔는지 생각해보면 답이 나온다.

이런 금융 사례들을 이야기하는 건 기술의 혁신을 바라보는 우리의 자세에 대해 말하고 싶어서다. 기술만 이야기하면 '기술자가 아니라서 기술을 경시한다'고 생각할 수 있는데 금융을 예로 들면 더 쉽게 이해가 될 것이다.

많은 사람이 금융에 대해서는 돈을 쉽게 떠올리고, 금융에서 혁신을 말하면 '돈을 벌기 위한 속임수가 아닌가' 하는 의심도 한다. 그런데 기술을 바라볼 때는 크게 의심을 하지 않는다.

그러나 기술에서도 실적 없는 혁신이 과연 혁신인지 아니면 기만인지 고민해볼 필요가 있다. 전망과 비전은 속일 수 있지만 실적은 속일 수 없기 때문이다. IT 버블 속에서도 잘 설계된 비즈니스 모델들은 훌륭한 실적과 함께 살아남았다. 구글과 아마존이 대표적인 예다. 좋은 비즈니스 모델이 핵심이지 IT가 핵심이 아니라는 것이다.

사람들이 열광하는 것을 의심하면 이런 소리를 듣게 된다.

"이렇게 많은 사람이 열광하는데… 사람들이 바보가 아니야."

이 말 자체는 사실일 수 있다. 하지만 합리적인 사람들이 모인 집단이 비합리적인 선택을 한 사례는 인류 역사에서 수없이 많았다. '이번엔 다르다'는 말의 진정한 의미를 곱씹어봐야 한다. 챗GPT도 마찬가지다.

희망은 전략이 될 수 없다

내가 아주 좋아하는 말이 있다.

"희망은 전략이 될 수 없다."

우리가 어떤 기업이나 특정 기술 혹은 사회 현상에 가지는 기대감이 실현되기 위해서는 체계적인 근거가 필요하다. 예를 들어 결제를 관리하는 IT 회사가 돈을 많이 벌기 위해서는 정확히 이 회사가 어떤 사람들을 고객으로 끌어들일 수 있으며, 이 사람들이 어떤 돈을 쓸 것인가에 대해 고민해야 한다. 거기에 대한 체계적인 근거가 있어야 하고, 실적도 있어야 한다.

그런데 단순하게 "우리가 대한민국의 결제 시스템을 독점하게 되면 우린 돈을 벌 거야. 시장 장악력으로 인해서 우리는 모든 사업을 해도 돼"라고 주장을 하는 건 사실은 아무 의미가 없다. 희망은 전략이 안 된다. 그건 그저 희망일 뿐이다.

IT라는 포괄적인 개념만으로는 혁신을 만들어낼 수 없다. 왜냐하면 기술은 가치 중립적이기 때문이다. 중요한 건 '그 기술을 어떻게 활용하느냐'다. 결국 사람이 기술을 활용한다. 따라서 그 기술을 가지고 있는 사람들의 비즈니스 마인드가 중요한 것이다. 그리고 IT가 생산성 향상에 기여하는 프로세스를 이해해야만 혁신이 유효하다.

챗GPT를 포함한 기술이 어떻게 생산성 향상에 기여할 것인가. 이에 대한 논의는 이 책에서 반복될 것이다. 이게 왜 중요하냐면, 우리가 말하는 혁신 기술이라는 것들, 블록체인이나 다른 결제 시스템들, AI나 머신러닝 등의 기술 그 자체가 뭔가를 생산하지는 않기 때문이다. 이 기술들이 우리 생산성에 어떤 영향을 미칠지 이해해야만 혁신이라는 게 태동할 수 있다. 기술의 발전만으로 혁신이라고 보기는 어려운 것이다.

당연히 투자자로서 주목해야 하는 부분도 IT 그 자체가 아니라 이 기술로 인해서 생산성과 이익이 어떻게 증가하는가에 대한 논리다. '너무 당연한 이야기를 왜 하는 걸까'라고 생각하는 사람도 있을 것이다. 그렇다. 너무나 상식적인 이야기다. 그런데 이 점을 간과하는 사람이 생각보다 많다.

기술이 발전한다고 해서 그게 우리한테 무조건 도움이 될까? 그렇지 않다. 발전한 기술을 활용할 수 있어야 우리 삶에 도움이 된다. 전문가나 기업 혹은 투자자들은 막연히 "기술이 발전하니까 우리는 돈을 벌 거야. 이런 엄청난 기술을 갖고 있으니까"라고 말하기도 한다. 그러나 이 기술을 어떻게 활용할지에 대한 고민 없이는 인류에게 아무런 도움도 되지 않을 것이다.

혁신의 유혹은 항상 있다. 새 기술이 나오면 뭔가 돈이 될 것 같은 기분이 들어 무모하게 투자에 뛰어드는 사람도 있다. 이번에 새롭게 나온 기술인 챗GPT에 대해서도 마찬가지다. "생각하는 AI가 나왔다"라고 다들 말한다. 사실 나는 코웃음을 쳤다. 여러분은 생각하는 AI가 진짜 있을 거라고 생각하는가? 정답을 말하자면 없다. 당연히 지금 시점에서는 있을 수 없다. 그런데 "생각하는 AI가 나왔다"라는 말은 왠지 믿어지지 않는가. 왜냐하면 챗GPT가 보여주고 있는 것들이 너무 대단해서다. 그리고 우리가 그렇게 믿고 싶기 때문이기도 하다.

블록체인이 처음 나왔을 때 "세상을 바꿀 분산원장 기술이 나왔다"라고들 했다. "분산원장이 어떻게 세상을 바꾸지?"라는 상식적인 의문을 한번쯤 가져볼 만도 한데, 워낙 많은 전문가가 워낙 많은 매체에 나와서 똑같은 이야기를 반복하다 보니 듣는 사람도 일종의 세뇌가 된다. 정말 이 기술이 세상을 바꿀 것 같다.

이처럼 역사와 금융계의 사례를 통해 기술 혁신의 사회적 맥락을 엿볼 수 있다. 이번에도 챗GPT에 대한 과대한 희망 섞인 전망이 난무한다.

챗GPT가 과연 어떻게 활용될지, 이게 어떤 의미인지를 먼저 고민해보기를 바란다. 그러려면 이 챗GPT라는 기술이 과연 어떤 것인지를 알아야 할 것이다. 이제 본격적으로 챗GPT에 대한 이야기를 있는 그대로, 사회적 맥락에서 해보도록 하겠다.

챗GPT와의 대화

챗GPT에게 물어봤다

새로운 기술이 나왔다. 그리고 이게 인간과 대화가 가능하다고 한다. 그럼 대화를 해보자. 나는 영어로 물었고 지금부터 내가 옮기는 챗GPT의 답변은 영어로 답한 것을 번역한 것이다. 한국어로도 문답이 가능하지만 영어에 비해 명확하지 않은 경우가 꽤 있었다. 이것은 기술의 문제라기보다는 데이터의 문제라고 생각한다. 아직 한국어로 러닝을 할 양질의 데이터를 충분히 확보하지 못했다는 의미인 것 같다. 하지만 영어로 대화를 할 때는 AI임을 감안한다면 거의 완벽하다.

AI의 미래는 어떨까?

 챗GPT

AI 기술의 미래는 유망하고 흥미롭습니다. AI는 이미 수많은 산업을 변화시켰으며 그 기능은 빠르게 확장되고 있습니다. AI 기술의 미래를 형성할 수 있는 잠재적인 개발은 다음과 같습니다.

첫 번째는 향상된 개인화입니다. 그래서 AI 알고리즘은 개인의 요구와 선호도를 이해하고 대응하는 능력이 더욱 정교해져 다양한 플랫폼에서 보다 개인화된 경험을 제공합니다.

두 번째는 자동화의 증가입니다. AI는 일상적인 작업을 계속 자동화하여 제조 물류 및 운송과 같은 산업에서 인간의 개입의 필요성을 줄입니다.

세 번째는 자율 시스템의 확장입니다. 자율 주행 자동차 및 드론과 같은 자율 시스템은 더욱 진보할 것입니다.

네 번째는 자연어 처리 발전입니다. 자연어 처리 발전은 계속해서 계속 개선하여 기계가 인간의 언어를 더 잘 이

챗GPT

해하고 해석할 수 있게 해줄 것입니다. 이로 인해 고급 챗봇, 가상 어시스턴트 및 음성 인식 시스템이 생길 것입니다.

다섯 번째는 머신러닝의 지속적인 성장입니다. 머신러닝 알고리즘이 더욱 정교해져서 더 나은 예측과 대규모 데이터세트data set에 대한 더 정확한 의미 분석이 가능합니다. 이는 의료 금융 및 사이버 보안을 포함한 광범위한 산업에 영향을 미칩니다.

여섯 번째는 양자 컴퓨팅의 개발입니다. 퀀텀 컴퓨팅은 AI 분야의 혁명을 일으켜 복잡한 데이터세트를 보다 빠르고 효율적으로 처리할 것입니다. 전반적으로 AI 기술의 미래는 지속적인 성장과 발전 중이며 광범위한 산업과 사회 전체에 잠재적으로 광범위한 영향을 미칩니다.

말을 참 잘하지 않는가. 특히 조목조목 구조화해서 이야기하는 걸 정말 잘한다고 느꼈다. 서론 다음에 본론을 첫째, 둘째, 셋째 등으로 숫자 붙여 나열하고 결론을 내는 식으로 말하는 걸 볼 수 있다.

아마 머신러닝을 하는 사람이라면 챗GPT가 왜 이런 구조로 말하는지 이해할 것이다. 우리가 AI에게 데이터를 정리해서 학습시킬 때 이렇게 구조화해서 입력하기 때문이다. 이렇게 하면 입력하기도 편하고 AI가 답을 냈을 때 우리가 보기에도 편하다. 챗GPT가 말하는 AI의 잠재력은 요약하면 다음 여섯 가지다.

1. 향상된 개인화
2. 자동화 증가
3. 자율 시스템의 확장
4. 자연어 처리NLP: Natural Language Processing의 발전
5. 머신러닝의 지속적인 성장
6. 양자 컴퓨팅Quantum Computing의 개발

챗GPT의 대답을 좀 체계적으로 살펴보자. 먼저 수많은 산업을 변화시킬 거라는 이야기는 무슨 뜻일까? 이건 범용성과 시너지를 이야기하는 것이다. 빠르게 확장되는 확장성이 있고 시너지, 즉 간접성이 있는 것이다. 챗GPT가 이야

기해준 여섯 가지 AI의 잠재력에 대해 조금 더 설명을 덧붙이자면 다음과 같다.

1. 향상된 개인화: AI 알고리즘은 개인의 요구와 선호도를 이해하고 대응하는 능력이 더욱 정교해져 다양한 플랫폼에서보다 개인화된 경험을 제공해줄 수 있다.

2. 자동화 증가: AI는 일상적인 작업을 계속 자동화하여 제조, 물류 및 운송과 같은 산업의 인간 개입의 필요성을 줄일 것이다.

3. 자율 시스템의 확장: 자율주행 자동차 및 드론과 같은 자율 시스템은 더욱 진보할 수 있다.

4. 자연어 처리의 발전: 자연어 처리는 계속 개선하여 기계가 인간 언어를 더 잘 이해하고 해석할 수 있게 해줄 것으로 예상한다. 이로 인해 고급 챗봇, 가상 어시스턴트 및 음성 인식 시스템이 생길 수 있다.

5. 머신러닝의 지속적인 성장: 머신러닝 알고리즘이 더욱 정교해져서 더 나은 예측과 대규모 데이터 세트에 대한 정확한 분석이 가능해질 수 있다. 이는 의료, 금융 및 사이버 보안을 포함한 광범위한 산업에 영향을 미칠 것으로 예상한다.

6. 양자 컴퓨팅의 개발: AI 분야에 혁명을 일으켜 복잡한 데이터 세트를 보다 빠르고 효율적으로 처리할 수 있다.

이러한 변화들은 어떤 의미를 가질까? 미래에 대한 예상을 읽어보아도 사실 분명하게 와닿지는 않는다. 이것이 챗GPT가 우리에게 주는 답안의 한계다. 결국 생각이라는 걸 할 수 있는 인간이 이 답변을 구조화하고 정리해서 의미를 도출할 필요가 있다.

개인화될 거라는 건 맞춤화와 효율화의 의미다. 자동화가 될 거라고도 했다. 자동화라는 의미는 효율화와 범용성을 뜻한다. 왜냐하면 범용성이 없는 건 자동화되기가 굉장히 어렵기 때문이다. 이 대목에서 맞춤화가 있는데 범용성도 있다는 게 나는 신기하게 느껴졌다.

그리고 자유 시스템이라는 말이 반복적으로 등장한다. 이것도 맞춤화다. '자연어 처리'라는 말도 굉장히 중요한 말이다. 언어는 언어 그 자체로 가치가 있는 게 아니라 다른 것들과 결합했을 때 엄청나게 큰 힘을 발휘한다. 이건 시너지를 말한다.

또한 '지속적인 성장과 발전 중 하나'라고 하는 것은 과거로부터의 연속성을 이야기하는 것이다. 그리고 '광범위한'이라는 건 범용성과 간접성을 뜻하는 것이다.

키워드 중심으로 이렇게 살펴보면, AI의 미래 혹은 챗GPT의 특성은 범용성, 시너지, 간접성, 맞춤화, 효율성, 연속성 정도로 정리할 수 있을 것 같다.

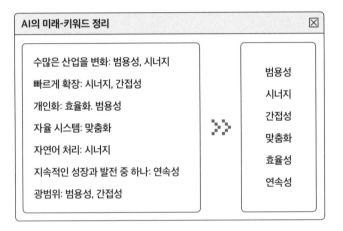

AI의 미래-키워드 정리 ⊠

수많은 산업을 변화: 범용성, 시너지
빠르게 확장: 시너지, 간접성
개인화: 효율화. 범용성
자율 시스템: 맞춤화
자연어 처리: 시너지
지속적인 성장과 발전 중 하나: 연속성
광범위: 범용성, 간접성

》》

범용성
시너지
간접성
맞춤화
효율성
연속성

챗GPT는 누구인가

이번에는 "챗GPT는 뭐니?"라고 물어봤다. 처음 만났으니 '네가 너 자신을 설명해보라'고 한 것이다. 그랬더니 "챗GPT란 Generative Pre-trained Transformer의 약어입니다"라고 대답했다. 잠시 영어 뜻을 보자.

Generative: 생성의

Pre-trained: 미리 훈련된

Transformer: 변환기

트랜스포머는 인간의 언어를 그대로 말을 해서 기계와 소통하게 해줄 수 있는 장치로, 인간과 기계 사이에서 언어를 번역하는 역할을 말한다. 그래서 챗GPT는 간단하게 말하면 '미리 학습된 번역기'라는 소리다. 그러니까 대규모 학습 모델에다가 인간의 언어를 구사하는 능력을 더해놨다는 게 이미 이름에 들어가 있다.

챗GPT는 이렇게 말을 이어갔다.

챗GPT

> 딥러닝 기술을 사용해서 인간과 같은 텍스트를 생산하는 오픈 AI가 개발한 기계 학습 모델의 한 유형입니다.

여기에 챗GPT에 관한 모든 것이 담겨 있다. 즉 챗GPT는 기계가 인간의 언어를 사용하게 한 것이다. 단순하게 말하면 기계 학습을 이용하고 인간의 언어를 하는 알고리즘이라는 것이다. 챗GPT의 대답을 더 들어보자.

챗GPT

> 이 모델은 다량의 텍스트 데이터에 대해 교육받았으며 언어로 패턴과 구조를 배울 수 있습니다. 일단 훈련을 받으면 모델은 일관되고 문법적으로 정확한 텍스트를 생성하는 데 사용될 수 있으며 어떤 방식으로 인간의 글쓰기를 모방합니다. 챗GPT 모델은 변압기로 알려진 딥러닝 아키텍처를 기반으로 하며, 특히 텍스트와 같은 순차 데이터를 처리하는 데 적합합니다. 이 모델은 감독되지 않은 학습이라는 기술을 사용하여 교육을 받았으며, 여기에는 명시적 레이블이나 피드백 없이 데이터를 배우는

챗GPT

> 것이 포함됩니다. 많은 양의 텍스트 데이터에 대해 사전
> 훈련을 통해 챗GPT 모델은 언어의 기본 패턴과 구조를
> 배울 수 있으며, 언어 번역 요약 및 질문 답변과 같은 특
> 정 자연어 처리 작업에 미세 조정을 할 수 있습니다.

기계 학습 모델의 한 유형이고 언어로 패턴과 구조를 배울 수 있고 일관되고 문법적으로 정확한 텍스트를 생성하는 데 사용을 할 수 있으며, 챗GPT 모델은 텍스트와 같은 순차적 데이터를 처리하는 데 적합하다고까지 스스로 이야기하고 있다.

여기서도 '가이드 되지 않는 학습 기술을 사용했다'고 앞서 본 키워드가 다 나온다. 언어를 번역하고 요약이나 질문 답변 같은 데에서 굉장히 유용할 수 있다는 이야기를 한다.

"전반적으로 챗GPT는 자연어 처리, 챗봇, 언어 번역 및 콘텐츠 생성을 포함한 많은 산업을 변화시킬 수 있는 강력하고 다재다능한 언어의 생성 모델입니다"라고 하는데 여기서 나는 '다재다능한'이라는 말에 눈이 갔다. 이건 아주 다

양한 것을 할 수 있다는 뜻이다. 기술들과 합쳐져서 힘을 낼 수 있다는 이야기로 들렸다.

그리고 가이드 되지 않은 학습을 했음에도 불구하고 이런 답변을 낸다는 것은 이미 인터넷에서 수많은 사람이 이런 이야기를 하고 있다는 뜻이다. 이게 우리가 명심해야 할 점인데, 챗GPT에 나오는 내용은 절대 세상에 없는 내용이 나오는 게 아니다. 다 이미 공유되고 있는 자료들을 챗GPT가 학습해서 이런 대답이 나오는 것이다. 새로운 내용은 하나도 없다. 챗GPT의 역할은 기존에 있는 자료를 잘 정리해서 인간의 언어로 전달해주는 것이기 때문이다. 이미 스스로도 그렇게 말하고 있다.

챗GPT의 자기자랑

다음으로 챗GPT에게 자기자랑을 좀 시켜봤다.

네 칭찬 좀 해봐.

챗GPT

> 챗GPT 모델의 강점은 인간의 장문과 유사한 고품질 및
> 문법적으로 올바른 텍스트를 생성하는 능력입니다.

고품질 그리고 문법적으로 올바른 텍스트를 생성하는 능력. 인간과 대화가 된다는 뜻이다. 그런 다음 "챗GPT 모델의 특정 강점은 다음과 같습니다"라고 하면서 역시 구조화된 답변을 했다. 이 답변을 정리해보면 다음과 같다.

1. 콘텐츠 생성: 인간의 작문과 유사한 고품질, 그리고 문법적으로 올바른 텍스트를 생성할 수 있습니다.
2. 자연어 생성: 챗GPT 모델은 인간의 장문과 유사한 자연어 텍스트를 생성하도록 설계되어 있습니다. 따라서 챗봇 및 언어 번역과 같은 작업에 적합합니다.
3. 감독되지 않은 학습: 챗GPT 모델은 감독되지 않은 학습을 사용해서 다량의 데이터에 대해 교육을 받았으며, 이를 통해 명시적 레이블이나 피드백 없이 언어로 패턴과 구조를 배

울 수 있습니다.

4. 미세 조정: 챗GPT 모델은 언어 번역 요약 및 질문, 응답과 같은 특정 자연어 처리 작업을 위해 미세 조정을 할 수 있으며, 이를 훨씬 더 정확하고 더 정확하게 전달할 수 있습니다.

5. 다목적성: 챗GPT 모델은 다재다능하여 의료, 금융 및 고객 서비스를 포함한 광범위한 산업 및 응용 프로그램에서 사용할 수 있습니다.

6. 지속적인 개선: 챗GPT 모델은 끊임없이 발전하고 개선되고 있으며 오픈 AI 및 기타 개발자가 새로운 버전을 장기적으로 출시합니다.

여기서는 챗GPT3 기준으로 이야기하지만 이미 챗GPT4가 나왔다. 챗GPT4는 챗GPT3보다 10배는 더 빠르게 연산할 수 있다고 한다.

챗GPT는 이렇게 여러 장점을 말한 후 전반적으로 "챗GPT 모델의 강점은 자연어 처리를 위한 강력한 도구가 되며 다양한 분야에서 언어와 상호작용하는 방식을 변화시킬 수 있는 잠재력을 갖습니다"라고 결론내렸다.

챗GPT의 자아비판

자아비판도 시켜봤다.

너의 단점을 좀 이야기해봐.

 챗GPT

> 챗GPT 모델은 많은 강점을 가지고 있지만 고려해야 할
> 몇 가지 제안 사항과 약점도 있습니다.

강점이 많다는 것으로 이야기를 시작하는 게 참 재미있다. 실제로 굉장히 많은 사람이 이런 식으로 말하기 때문이다. 뭔가의 단점이나 약점을 말할 때 장점을 먼저 말한 다음 "그러나"라고 하고는 안 좋은 이야기를 하지 않는가. 앞서 말했듯 챗GPT의 답변이 그냥 나오는 게 아니라 기존에 있는 문장들을 바꿔서 나오는 것이라 그런 것이다. 따라서 챗GPT의 답변에는 편향bias이 포함될 수 있다.

챗GPT

> 챗GPT 모델은 훈련된 데이터에서 편향을 상속받을 수 있으며, 이는 고정관념 영속 또는 유해한 언어를 홍보하는 등 문제가 발생할 수 있습니다.

자기가 배우는 데이터에서 그대로 모든 걸 받아들인다는 이야기다. 데이터가 잘못됐으면 그 약점도 그대로 계승한다. 가치판단을 하지 않는다는 것이다. 학습시킨 데이터에 오류가 있다면 그 데이터를 이용해 챗GPT가 내놓는 답변에도 오류가 있을 것이다. 쓰레기가 들어가면 쓰레기가 나오는 것은 당연한 이치다. 콩심은 데는 콩이 나고 팥심은 데는 팥이 나는 것은 지극히 정상적인 현상이다.

그리고 챗GPT 모델은 상식이 부족하다. 이것은 당연한 이야기일 수 있는데, 챗GPT는 문법적으로 정확하고 일관된 텍스트를 생성할 수는 있지만 상식과 추론 능력이 부족하기 때문에 무의미하거나 비논리적인 결과로 이어질 수 있다. 데이터가 무논리적이거나 상식과 지식에 벗어난 잘못된 데이터를 학습했을 때는 잘못된 이야기를 한다는 뜻이다. 흔히 이것을 '제한된 창의성'이라고 하는데, 챗GPT는 '제한된'이라기보다는 창의성이 '없다'는 것이다.

챗GPT의 답변을 계속 들어보자.

 챗GPT

> 챗GPT 모델은 언어의 통계적 패턴을 기반으로 하며, 단어나 개념의 의미를 진정으로 이해하여 창의성과 독창적인 콘텐츠를 생성하는 능력을 가지고 있지 않습니다.

이 말은 곧 자신은 새로운 개념 같은 걸 만들어내지는 않는다는 뜻이다.

챗GPT의 또 하나의 약점은 '맥락에 대한 제한된 이해'다. 맥락에 대한 이해는 특정한 상황을 이해하는 데 너무나도 중요하다. '이게 왜 나타났고, 뭘 하는 것인지'와 같은 것 말이다. 그런데 AI, 알고리즘은 맥락에 대한 이해를 할 수가 없다. 이것도 사실 너무나 당연한 이야기다. 그래서 "챗GPT 모델은 주로 텍스트 데이터로 작동하도록 설계되어 있으며, 이미지 또는 오디오와 같은 다른 유형의 입력에 어려움을 겪을 수 있습니다"라고 말하는 것이다.

또 다른 특성은 계산 비용이 비싸다는 것이다. "챗GPT 모델은 복잡하며 교육 및 추론을 위한 상당한 계산 자원을 필요로 하며 이는 소규모 조직이나 개인에게는 불리하게 작용할 수도 있습니다"라고 한다.

또한 "제한된 입력 형식도 있습니다. 이것은 챗GPT 모델은 주로 텍스트 데이터로 작동하도록 설계되어 있으며 이미지 또는 오디오와 같은 다른 유형의 입력과 어려움을 겪을 수 있습니다"라고 말한다. 전반적으로 많은 강점이 있긴 하지만 이처럼 약점도 있다.

[챗GPT가 스스로 말하는 단점]

1. 맥락에 대한 제한된 이해

2. 제한된 입력 형식

3. 계산 비용

그래서 챗GPT한테 또 물어봤다.

챗GPT를 어떻게 이해해야 할까?

 챗GPT

챗GPT를 효과적으로 이해하려면 다음 몇 가지 단계를 통해야 합니다.

그러고는 "기본적으로 딥러닝과 자연어 처리의 기본 사항을 배울 필요가 있습니다"고 말했다. (이제부터는 챗GPT의 답변을 다 옮겨 적지 않겠다. 지금까지는 챗GPT가 얼마나 우리 언어를 잘하는지 느낄 수 있도록 그대로 옮겨 적었다.) 내가 이 질문을 한 이유는 챗GPT에 대한 강의를 준비하고 책을 쓰면서 '사람들한테 챗GPT에 관해 대체 무엇을 알려줘야 할까?'라는 고민을 했기 때문이다.

그래서 챗GPT한테 "너를 이해하려면 어떻게 하는 게 제일 효과적일까?"를 물어봤더니 첫 번째가 딥러닝과 자연어 처리의 기본을 배워야 한다고 했다. 이에 대해서는 3부에서 살펴보겠다. 그리고 챗GPT 아키텍처 및 사전 훈련에 대해 알아야 한다고 말했다. 이건 2부에서 알아볼 것이다. 또한 챗GPT2와 챗GPT3을 포함하는 다양한 챗GPT 모델에 대한 이해가 필요하다고 했다. 이것 역시 3부에서 설명할 것이다.

챗GPT에 관 한 연구 논문과 기사를 읽으라고도 했는데, 그건 내가 읽었으니 이 책 전반에 걸쳐 여러분에게 쉽게 알려줄 것이다. 온라인 커뮤니티에 참여하라고도 했는데, 이 역시 내가 참여해봤다. 챗GPT는 복잡하고 진행중인 분야라는 것을 기억하는 것이 중요하므로 최신 연구 및 개발에 대한 최신 정보도 중요하지만, 이건 반영하기가 쉽지 않다. 그렇기 때문에 이 책을 읽은 뒤에도 계속해서 챗GPT에 관한 정보를 지켜보길 바란다. 빠르게 진화하는 분야이기 때문에 최신 연구 및 개발에 대한 최신 정보를 계속해서 습득해야 한다.

챗GPT가 말하는 챗GPT 사용법

챗GPT를 잘 이용하는 법

우리가 챗GPT를 이해하려는 이유는 결국 챗GPT가 가지고 있는 기술을 잘 이용하기 위해서다. 이 책의 핵심도 챗GPT를 어떻게 이용할 것인가 하는 것이다. 챗GPT를 잘 이해하고 이용하는 법을 알려주는 게 이 책을 읽는 독자들을 위한 나의 역할이라고 생각한다.

　그래서 이것도 챗GPT에게 물어보았다.

그랬더니 우선 챗GPT는 대화형 인공지능 모델로 다양한 분야에서 유용하게 활용될 수 있다고 답했다. 첫 번째로 '자연어 생성'이다. 사람의 언어를 사용하기 때문에 기사를 요약하거나 아니면 자료를 요약하거나 하는 데 도움이 많이 된다는 것이다.

언어 모델링도 마찬가지다. 언어 모델링에 적합한 모델이라 챗GPT를 이용해서 자연어 처리 분야에서도 여러 가지 이야기를 할 수 있다. '새로운 지식의 학습'도 활용의 범위에 들어간다. 내가 몰랐던 지식인데 온라인에 있는 지식은 챗GPT를 활용해서 배울 수 있는 것이다.

자동화도 마찬가지다. 번역이나 요약을 해달라거나 뭘 추천해달라는 등 우리가 흔히 말하는 단순한 지식 노동을 챗GPT에게 시킬 수 있는 것이다. 그리고 예측이 가능하다. 예를 들어 내 얼굴의 혈색 같은 걸 보고 무슨 문제가 있을 수 있는지 챗GPT가 이야기해줄 수 있다. 왜냐하면 그런 자료들이 이미 온라인에 올라와 있기 때문이다.

다시 말해, 모든 조사나 연구나 작업의 시작점이 챗GPT가 될 수 있다는 장점이 있는 것이다. 다만 활용 방법은 데이터와 문제에 따라 다를 수 있으므로 적절한 방법을 선택해서 활용해야 한다. 챗GPT와 대화하는 것만 해도 그렇다. 한글로 "챗GPT를 어떻게 이용해야 할까?"라고 질문하면 답이 잘 안 나올 수도 있다. 그래서 나는 영어로 각도를 바꿔가며 여러 번 질문해보면서 어떻게 물어야 답이 제일 잘 나오는지를 봤다. 어떻게 질문하느냐에 따라서 답이 다 달라졌고 같은 질문에도 다른 답을 줄 때가 있었다. 이게 사실은 꽤 어려운 부분이지만, 질문하는 것이 모든 것의 시작점이 될 수 있다.

["챗GPT를 어떻게 이용해야 할까?"에 대한 챗GPT의 답]

1. 자연어 생성: 챗GPT는 자연어 생성에 유용한 모델입니다. 이를 활용해 챗봇, 기사 생성, 요약 등의 분야에서 활용될 수 있습니다.
2. 언어 모델링: 챗GPT는 언어 모델링에 적합한 모델입니다.

이를 활용해 자연어 처리 분야에서 다양한 작업을 수행할 수 있습니다.

3. 새로운 지식 학습: 챗GPT는 대규모 텍스트 데이터를 학습하고 새로운 지식을 학습할 수 있는 모델입니다. 이를 활용해 새로운 분야의 데이터를 학습하고 다양한 작업에 적용할 수 있습니다.

4. 자동화: 챗GPT는 다양한 분야에서 자동화에 활용될 수 있습니다. 예를 들어, 챗GPT를 활용해 자동 번역, 자동 요약, 자동 추천 시스템 등을 개발할 수 있습니다.

5. 예측: 챗GPT는 다양한 분야에서 예측 모델로 활용될 수 있습니다. 예를 들어, 챗GPT를 활용해 주가 예측, 의료 진단 등의 분야에서 활용될 수 있습니다.

이처럼 챗GPT는 다양한 분야에서 활용 가능한 모델이라고 스스로를 설명했다. 그리고 데이터와 문제에 따라 활용 방법은 다양하므로 적절한 방법을 선택해야 한다고 말했다.

챗GPT의 미래는?

이번에는 미래에 대해 물어봤다.

챗GPT는 세상을 어떻게 변화시킬까?

 챗GPT

> 챗GPT 모델은 다양한 산업과 분야에 크게 영향을 미칠
> 것입니다. 그리고 다음과 같은 방식으로 세계를 잠재적
> 으로 변화시킬 수 있는 잠재력을 가지고 있습니다.

이 답변을 보면 챗GPT가 말하는 패턴이 중언부언하는
면이 있다. 이것은 언어 모델의 학습이 부족해서 그런 것이
다. 이런 부분들은 챗GPT4, 5로 나아가면서 진화할 것이다.

콘텐츠 자체는 기술이 해결해 줄 수 없기 때문에 가장
먼저 발전시킬 거라고 말하는 게 자연어 커뮤니케이션이
다. 앞으로 더 기술이 발전하고 연산 속도가 빨라지면 인간

과의 소통은 훨씬 더 자연스럽게 이루어질 것이다.

두 번째 포인트는 콘텐츠 생성인데, 콘텐츠 생성에서 새로운 것을 만들겠다고 하는 게 아니다. 뉴스 기사나 제품 설명, 작문 같은 것들을 고품질의 일관된 텍스트를 생성하는데 사용할 수 있기 때문에, 더 빠르고 효율적으로 비용을 절감한다는 것이다.

이쯤 되면 반복적으로 나타나는 이야기가 보일 것이다. 건강 관리에서도 마찬가지다.

 챗GPT

> 챗GPT 모델은 의료에서 사용해서 다양한 의료 데이터를 분석하고 환자 보고서를 생성하며 임상 의사 결정을 판단하는 게 아니라 지원할 수 있습니다. 이것은 환자의 결과를 향상시키고 개인화된 의료로 이어질 수 있습니다.

챗GPT가 계속해서 보조적인 역할을 하고 가장 품이 많이 들어가는 작업을 대신해준다는 이야기를 하고 있다. 교육에서도 마찬가지다.

챗GPT

챗GPT 모델은 교육 내용을 생성하고 언어 학습을 지원하기 위해 교육에 사용될 수 있습니다. 이를 통해 교육을 보다 접근 가능하고 개별 학습자에게 맞춤형 개인화, 개인화될 수 있습니다.

'지원'이라는 단어가 또 나왔다. '맞춤형 개인화'가 반복적으로 나타난다. 비즈니스에서도 마찬가지다.

챗GPT

챗GPT 모델은 고객 서비스 마케팅 및 데이터 분석 비즈니스에 사용할 수 있습니다. 이는 고객 만족도를 향상시키고 판매를 늘리며 의사결정에 대한 귀중한 통찰력을 제공합니다.

계속해서 지원하고 서포트하고 맞춤형이라는 이야기가

반복된다. 자동화도 같은 맥락이다. 커뮤니케이션 자체를 자동화시킬 수 있고 다양한 산업에서 효율성과 생산성이 향상될 수 있다고 말한다.

챗GPT는 자신이 세상을 어떻게 변화시킬 것인가에 대해 이렇게 결론 내린다.

챗GPT

> 챗GPT 모델은 우리가 의사소통하는 방식을 변화시키고 콘텐츠를 만들어서 다양한 산업에서 결정을 내림으로써 세상을 변화시킬 수 있는 잠재력을 가지고 있습니다. 그러나 편견 및 개인 정보 보호 문제와 같은 한계와 잠재적 윤리적 고려 사항을 알고 책임감 있고 윤리적으로 사용하는 것이 중요합니다.

지금까지 챗GPT에게 챗GPT 자신에 대한 여러 질문을 해보았다. 챗GPT의 강점과 단점, 이해법과 활용법 그리고 미래에 대해 개요를 들을 수 있었다. 여러분은 어떤 생각이 드는가? 이 새로운 AI가 쓸만한 것 같은가? 혹은 쓸데없다고 생각하는가? 분명한 건 챗GPT는 진화 중이라는 사실이다. 그리고 중요한 건 AI가 할 수 있는 부분과 할 수 없는 부분을 잘 고민하면서 활용하는 것이다.

마지막으로 챗GPT에게 AI에 대한 시를 하나 써달라고 했다. 과연 챗GPT가 시를 쓸 수 있을까 싶었다. 사실 나는 시를 많이 읽는 사람이 아니라서 이게 훌륭한지 아닌지를 잘 모르겠다. 그리고 이게 표절인지 아닌지도 잘 모르겠다. 이 글 저 글 짜깁기했을 가능성도 크다고 본다. 그러나 언뜻 보기에는 뭔가 있어 보이는 시가 하나 나왔다. 운율이나 길이도 그럴듯하다. 여러분도 한번 보고 판단해보길 바란다.

[챗GPT가 쓴 'AI에 대한 시']

기계의 뇌, 인간의 손길,

둘을 섞어 탄생한 인공지능.

날로 진화해 더욱 발전하며,

세상을 변화시키고 있습니다.

어떤 것보다 빠르게 배우며,

어떤 것보다 높은 지능을 지니고,

대화도 가능하고, 창조도 가능하며,

무한한 가능성을 내포하고 있습니다.

그러나 그 위대함만큼,

그것이 가져올 위험도 큽니다.

인간의 풍부한 상상력과

감성은 대체될 수 없으며,

기계는 결코 인간의 대안이 될 수 없습니다.

하지만 우리는 인공지능과 함께,

보다 풍요롭고 안전한 세상을 만들어 나갈 수 있습니다.

요즘 챗GPT가 글을 쓰고 번역한 책도 출간되고 있다. 미래의 AI가 쓴 원고와 실제 저자가 쓴 원고를 우리는 판별할 수 있을까? 언젠가 챗GPT라는 거대 언어 모델이 인간의 언어를 완벽하게 구사하게 된다면 말이다. 그럴 확률이 높다. 아주 멀리도 아니고 4~5년이면 일어날 일이라고 생각한다.

그런데 중요한 것은 저작권 문제다. 챗GPT라는 알고리즘도 마찬가지고, 꼭 챗GPT뿐만 아니라 모든 종류의 모든 데이터를 이용한, 머신러닝을 통한 정보 제공을 하는 알고리즘들에 저작권에 대한 검사는 없다.

이 시 역시 어디서 끌고 들어온 건지를 알 수가 없다. 너무나도 방대한 양의 데이터를 처리를 해서 우리에게 가공을 해서 주다 보니까 어디서 저작권에 걸릴지 모른다. 그런데 문제는 인간의 역량으로는 그것을 추적하기가 사실상 불가능하다는 것이다.

아직 사회적 합의가 전혀 이루어지지 않은 상황이기 때문에 챗GPT를 가지고 뭔가 창작 활동을 할 수 있는 상황은 아니다. 그렇게 했다가 저작권법에 걸릴 수도 있고, 물론 아닐 수도 있다.

확실한 건 챗GPT가 주는 모든 정보는 누군가가 만들어놓은 거라는 점이다. 그것이 어떻게 가공됐느냐의 문제일 뿐, 남이 만든 것이기 때문에 챗GPT가 제공하는 정보에 들어가 있는 것이다.

Dark Mode

Updates

Log out

PART 2

정보의 시대, 신기술이 불러일으킨 돌풍들

알맞은 정보를 찾아내기 위한 인류의 사투

>>>

예전에는 내가 필요로 하는 것을 검색하거나 집단지성을 활용했다. 그런데
인간의 언어로 물어봤을 때 인간의 언어로 대답해주는 기계와 인간의 매개체
가 나왔다. 그렇다면 내가 원하는 정보를 훨씬 더 빠르고 효율적으로 습득할
수 있게 되지 않겠는가. 내가 원하는지도 모르는데 원하는 정보가 나타날 수
도 있고, 내가 필요로 하지만 미처 인식하지 못하고 있던 정보를 챗GPT가 먼
저 알아낼 수도 있는 것이다.

정보의 축적과
검색을 향한 인간의 집념

챗GPT는 갑자기 나온 것이 아니다

나는 2012년부터 블록체인 기술과 코인 시장을 지켜보면서 혁신 그리고 기술, 스타트업, 핀테크 등에 관심을 갖게 되었다. 그러다 보니 신기술이 주는 혁신의 돌풍과 의미 그리고 사회적인 맥락에 대해 많은 고민을 하게 되었다.

특히 광란의 2017~2018년이라고 부르는 시절, 코인 가격이 미친듯이 오르면서 블록체인 기술에 대한 관심이 엄청나게 높아지던 그 시절에 현업에 있던 사람으로서 기술의 혁신이 주는 이슈와 사회적인 맥락 및 의미에 대해 매우 관심이 많다.

이런 의미에서 나는 기본으로 돌아가자는 생각을 가지고 있다. 기술 혁신으로 인해 사회가 변화하고 새로운 시장이 열리고 뭔가 새로운 일들이 벌어질 때, 그 기술이 어느 날 갑자기 나타났을 리는 없다. 블록체인 기술도 그랬다. 메타버스 기술도 그랬다. 블록체인 기술도 사실 분산원장 기술이라고 해서 1998~1999년부터 이미 개발해오던 것이다. 인터넷도 마찬가지다.

기술뿐만이 아니라 모든 사회적 현상은 맥락에서 태어난다. 우리가 미처 인식하지 못해도 어디에선가는 발전해왔다. 나는 이런 맥락에서 신기술을 바라본다. 이 기술이 전과 무엇이 달라서 혁신적인지, 기술적으로 뭐가 대단한지에만 집중하지 않는다. 당연히 새로운 기술이고 훌륭한 기술이며 전과 다르기 때문에 혁신적이라고 말하는 것 아니겠는가. 그리고 나는 기술 전공자가 아니다 보니까 사실 그런 기술적인 부분은 이야기해줘도 다 이해하지는 못할 거라고 생각한다.

그러나 새로운 기술이라고 하는 것도 전혀 아무것도 없

는 데서 갑자기 툭 튀어나올 리는 없다는 것이다. 아인슈타인의 상대성 이론도 그렇지는 않았다. 블록체인의 분산원장이라는 것도 우리가 직접 기록하기 너무 힘들고 비싸니까 분산해서 기록하자는 것의 연장선상이었다. 모든 기술이나 모든 사회적 현상, 사람의 생각까지도 예전에 있던 것에서 발전하거나 바뀌어 나가는 것이다.

챗GPT 같은 경우에도 '대규모 언어 학습 AI'라는 것은 정보를 찾기 위한 노력의 결실이다. 어느 날 갑자기 "우와, 기계가 인간이랑 대화를 할 수 있게 됐어!"가 아니라는 것이다. 그럴 이유도 전혀 없다. 따라서 이제부터 챗GPT라는 것이 나오게 된 인류의 여정에 대해 이야기해보려고 한다.

이미 기계와 채팅하는 건 우리가 굉장히 많이 해봤다. 예전에 AI와 채팅하는 프로그램도 많았다. 그런데 거기서 사람들이 비속어를 사용하거나 AI에게 잘못된 언어를 가르치는 등의 문제가 생겨서 서비스가 중단되기도 했다.

챗GPT가 최종형이나 끝판왕도 아닐 것이다. 그 이후 기술도 있지만 우리는 아직 모른다. 아직 보고 있지 않으니까. 물론 최소한 2023년 현재에는 챗GPT라는 기술이 끝판왕으로 보인다. 그럼 여기까지 이르기까지 도대체 우리가 왜 이 기술을 필요로 했으며, 왜 이것을 생각해내게 됐는지 이야기해보려고 한다.

정보를 찾기 위한 노력은 계속된다

인류는 정보를 찾기 위해 계속해서 노력해왔고 앞으로도 계속해서 노력해갈 것이다. 인류가 유인원에서 진화를 해나가던 과정에도 소통을 해야 했을 것이다. 그런데 글자도 없고 언어도 없던 시절에 인간은 어떻게 소통했을까? 우는 얼굴, 웃는 얼굴, 손짓, 발짓, 몸짓 같은 것으로 표현하고 수많은 정황과 맥락과 도구를 이용해서 동료들 혹은 적들과 소통했을 것이다.

벌들도 8자로 춤을 추며 소통하고 개미들은 페로몬이라는 호르몬을 뿌리며 연락한다. 인류뿐만이 아니라 모든 생명체는 어떻게든 소통하려고 노력한다. 그러다가 기원전 10만 년 전쯤 언어라는 것이 나오기 시작했다고 추정된다.

인류가 손짓과 몸짓, 원시적인 도구들을 이용한 소통에서 벗어나서 말을 하기 시작한 것이다.

규칙이 있는 언어 혹은 기호를 뱉기 시작하면서부터 인류는 획기적으로 변화할 수밖에 없었다. 예전에 손짓, 발짓으로 한 10분은 설명해야 했던 것을 말 몇 마디로 설명할 수 있게 되었으니, 그 효율성이라는 것이 이루 말할 수 없는 것이다.

지금의 우리는 말을 하고 글을 쓰는 게 너무나 당연해서 언어의 위대함을 잘 체감하지 못할 수도 있다. 그런데 아주 똑똑하다고 하는 강아지한테 단어 몇 개 가르치는 것도 굉장히 힘들다. 그리고 이렇게 훈련을 하면 인간과 소통하는 수준이 확 올라간다. 그런데 말을 아예 못하던 단계에서 말을 하는 단계로 진화를 했다고 생각해보라. 소통의 정보량이 기하급수적으로 늘 수밖에 없다.

그런데 우리가 말을 할 때, 그것을 기록하지 않으면 이 정보가 사라진다. 내가 말을 하고 나면 나 자신도 무슨 말을 했는지 그 내용을 다 기억하기 어렵다. 그러다 보니까 기록을 하려고 노력을 하는 것은 너무나도 당연하다. 내가 말을 뱉은 말을 남한테 전달하고 싶은 욕구는 사람이라면 가지는 너무나도 당연한 것이다. 그래서 그림을 그리고 동굴 벽에다가 벽화를 그린다. 이와 함께 사람들끼리 기호를 주고받는다.

그러다 보니까 정보를 가지고 서로 소통하기 위한 니즈에 따라 문자라는 게 나타나게 된다. 갑골문자, 쐐기문자 같은 원시적인 형태의 문자지만 이 문자들이 후에 엄청나게 큰 효율을 갖고 온다.

언어도 기술이다. 문자는 새롭고 혁신적인 기술의 발전인 것이다. 그리고 이 기술은 비용을 절감시켜준다. 우리 삶에서 생존 비용을 낮춰주기 때문이다.

따라서 문자가 나타나자 세상이 바뀐다. 말로 계속 설명해야 할 것을 한 번 쓰면 되기 때문이다. 이렇게 되면 정보가 공유되는 속도가 이루 말할 수 없게 빨라진다. 이걸 경제학자들은 '정보 공유의 비용 절감'이라고 본다. 문자라는 기술의 발전은 정보 공유의 비용을 절감시켜 효율화를 가져와서 규모의 경제를 이루어준 것이다. 다시 말해 정보 산업의 규모의 경제를 이루어준 것이다.

인류 최초의 도서관은 왜 사라졌을까?

문자 이전부터 인류는 정보 공유를 위해 엄청나게 많은 노력을 했다. 그런데 문자는 기록을 가능하게 해주었다. 그러면서 바위, 동굴, 땅, 벽, 심지어 피부에다가 사람들이 기록을 하기 시작했다.

그런데 문제는 이런 기록이 지속 가능하지 않다는 것이다. 땅이나 벽에 기록한 건 이동하면 없어져버린다. 내 피부에 기록한 것도 내가 죽으면 사라진다. 그래서 인류는 들고 다닐 수 있는 물건에 뭔가를 쓰겠다는 생각을 하게 되고, 그것은 거북이 등껍질, 동물 뼈, 나뭇조각, 파피루스, 비단과 같이 진화해갔다.

거북이 등껍질이나 동물 뼈 같은 경우에는 쓰기가 너무 힘들다. 부피 대비 쓸 수 있는 면적도 너무 작다. 그리고 거북이 등껍질은 심지어 비싸다. 그러다 보니 제단이라든가 신성한 의식에만 사용할 수 있었다. 동물 뼈는 썩고 나뭇조각은 부러진다. 그래서 나온 게 파피루스와 비단이다. 문제는 파피루스와 비단도 너무 비싼 것이다. 정보를 써서 수많은 사람과 공유하기에는 너무 비싸서 비효율적이다.

그리고 종이가 나타났다. 종이라는 또 한 번의 기술 혁신이 나타나면서 기록 비용을 낮춰줬다. 기록의 효율화를 가져온 것이다. 비용 절감이 일어나면서 생산성이 다시 한번 늘어나는 과정을 겪는다. 동물 뼈에다가 기록하는 것과 종이에 기록하는 것의 효율성 차이는 이루 말할 수 없다. 종이 한 장에 들어 있는 정보를 동물 뼈나 거북이 등껍질에다가 이것을 기록하려면 거북이 등껍질을 몇 개 갖다 놓아야 할지 모른다. 그만큼 종이는 엄청난 기술의 혁신이다.

종이에 기록을 할 수 있게 되면서 도서관이 생긴다. 이제부터는 책을 만들 수 있게 되었기 때문이다. 아주 작은 부피에 아주 많은 정보를 저장할 수 있게 된 것이다. 그전에는 정보를 말로 이야기해서 받아 써내려가고 굉장히 두꺼운 어떤 것에 쐐기로 박는 등의 일을 했다면 이제는 종이에다 써서 책을 만들어 꽂아놓기만 하면 되는 것이다.

역사상 최초의 체계적인 도서관은 기원전 7세기에 '아시리아'라는 나라에서 등장했다. 아슈르바니팔 왕이 수도 니네베에 도서관을 세운 것이다.

당시의 도서관은 일반적으로 사원이나 궁궐에 소속되어 있었다. 최초의 도서관들은 종교 관련 종사자들을 위해 지어지곤 했기 때문에 많은 도서관이 사원에 소속되어 있었다. 그 당시의 매체는 주로 점토판이었기 때문에 크고 무거웠을 뿐만 아니라 내용을 많이 담지 못했다. 그래서 현대의 기준으로 보자면 장서 보관량에 비해 도서관 크기가 매우 컸다. 아슈르바니팔 도서관은 만여 개의 점토판이 소장되어 있었으나 터만 보자면 수십만 권의 현대 도서를 소장할 수 있을 정도의 크기였다.

참고로 두루마리나 파피루스가 등장한 건 이보다 더 후의 이야기다. 물론 두루마리나 파피루스가 등장하고 나서는 훨씬 더 효율적이 되었다.

그럼 역사상으로 가장 유명한 도서관은 어디일까? 알렉산드리아 도서관이다. 아마 한번쯤 이 이름을 들어봤을 것이다. 알렉산드리아 도서관은 아리스토텔레스의 권유로 알렉산드로스 3세가 구상하고 프톨레마이오스 1세가 건설을 시작하여 프톨레마이오스 2세(BC 309~246년) 때 완성되었다. 알렉산드리아 도서관은 당대 최대 규모를 자랑해서 세계의 모든 지식을 모았다고 극찬을 받았는데, 실제로도 역대 지배자들은 수단과 방법을 가리지 않고 책을 수집했고, 이로 인해 당시로서는 불가능에 가까운 70만 권의 도서를 수집하게 된다.

당시의 알렉산드리아 도서관은 단순히 도서를 수집하고 보존하는 역할을 담당하는 것 이상으로, 당대를 주름잡던 각종 학문의 학자들을 모아 연구하는 일종의 학문의 전당에 가까웠다. 당시에는 필사하는 데 굉장히 비용이 많이 들어갔다. 그러니까 책이 있는 곳에서 차라리 연구를 하자는 아이디어를 낸 것이다.

이 도서관이 책의 가치가 엄청났던 당시 치고는 개방적이었다지만 책을 열람 가능했던 건 도서관 소속 학자들과 귀족들뿐이었다. '정보는 힘'이라는 말이 있다. 글을 쓸 수 있고 없고가 옛날에는 굉장히 중요했는데, 귀족들만 이것을 할 수 있었던 것이다.

그런데 알렉산드리아 도서관 같은 경우에는 엄청 중요한 의미를 띈다. 이 도서관이 완성된 때가 기원전 300년에서 250년 사이라고 한다. 그런데 기원전 300년은 로마가 막 부흥하던 시기다. 로마가 자리를 잡고 지중해에 영향력을 행사하던 시기에 이집트에서는 거의 70만 권 정도를 가진 도서관을 만들어냈던 것이다. 그러니까 굉장히 엄청나게 많은 부가 이집트로 쏠려 있던 상황이다.

당시에는 알렉산더가 이끌던 마케도니아 왕국이 무너지고 로마 제국이 지배하면서 이슬람 세력이 확대되었다. 이때 알렉산드리아는 굉장히 중요한 도시다 보니 굉장히 많은 부가 집중돼 있었고, 그러다 보니 침략도 많이 받았다. 세파에 휩쓸려 수차례 화재가 발생하면서 부침을 거듭하던 알렉산드리아 도서관은 결국 역사 속으로 사라지고 말았다. 이는 인류에게 굉장히 큰 손실이라고 할 수 있다.

이 도서관 안에 있던 70만 권 정도의 책에는 기원전에 발견했던 지동설과 지구가 둥글다는 것, 뇌가 장이나 신체를 조종한다는 것에 대한 지식이 포함되어 있었다고 한다. 당시의 학자 중에는 이미 지동설을 말한 사람과 뇌에 대한 비밀에 다가간 이들이 있었다고 한다. 이 외에도 수많은 학자가 남긴 수많은, 최소 몇백 년 이상은 앞선 지식도 셀 수 없이 많았다고 한다. 그 당시 지식인들이 자신의 사상을 직접 적어 넣은 책들이 고스란히 보관되어 있었던 것이다. 이 도서관이 남아 있었다면 현대의 문명 수준은 조금 달랐을지도 모른다. (지금은 이집트가 전 세계의 지원을 받아 세계 최고 수준의 도서관 중 하나인 알렉산드리아 도서관을 현대식으로 재건해 운영 중이다.)

이렇게 역사에서 사라진 도서관에 대해 말하는 이유는 이것이 도서관이 안고 있는 문제이기도 하기 때문이다. 어떤 사고가 터지거나 지진이 나거나 불이 나거나 침략을 받는 등 예상하지 못한 자연재해나 전쟁이 발생했을 때 그 많은 정보가 송두리째 사라져버릴 수 있는 것이다. 예를 들면 몽골족이 바그다드를 침략했을 때도 바그다드에 있던 도서관을 태워버렸다. 그렇게 허무하게 그때까지 인류가 모았던 정보가 다 사라지는 것이다.

기원전 213년에 진나라에서 일어난 분서갱유焚書坑儒도 마찬가지다. 분서갱유는 시황제가 학자들의 정치 비평을 금하기 위해 책을 불태우고 학자들을 생매장한 사건이다. 분서갱유 사건에서 너무나 안타까운 것은 그 많은 서책이 다 사라져버렸다는 점이다. 게다가 그 서책을 구전으로 물려줄 수 있는 사람들까지 죽여버리면서 인류는 기원전 중국이 이룩해냈던 그 엄청난 정보를 저장하지 못하고 날려버렸다.

이처럼 정보를 안정되게 계속해서 후대로 넘기는 방법을 찾아내는 게 인류에게는 굉장히 큰 숙제였다. 지금도 모든 책을 보관하는 국립도서관이 있다. 각 나라의 국립도서관은 그 나라에서 만들어낸 모든 정보를 저장한다. 그런데 국립도서관이 있는 곳에 화재나 지진이 일어났다고 생각해보라. 그러면 그 책들이 다 보존되기 어려울 수도 있다.

문헌정보학에서 인터넷까지

첫 번째 주자: 문헌정보학

도서관의 또 한 가지 문제가 더 있다. 도서를 계속해서 축적하다 보니 정보의 양이 너무 많은 것이다. 그중에서 내가 원하는 정보를 찾기가 너무 힘들어지는 문제가 생긴다. 예를 들어 팔만대장경은 1,514종 6,802권의 경전으로 구성되어 있다. 실제로 팔만대장경판이 보관된 합천 해인사에 가보면 목판이 끝도 없이 보인다.

팔만대장경에 이런 문구가 있다고 한다.

"임금이 자리를 오래 보존하려면 먼저 재물에 집착하지 않고 성내지 않으며 작은 일로 해치는 마음을 일으키지 말라."

이 문구를 6,802권의 경전에서 찾으려면 어떻게 해야 하는가? 일일이 하나씩 넘겨봐야 한다. 거의 불가능한 일이다. 그런데 심지어 내가 찾으려는 문구를 정확히 모른 채

'임금이 자리를 오래 보존하는 법이 뭘까요? 팔만대장경에선 뭐라고 이야기할까요?"라고 질문한다면 어떻게 이 정보를 검색하겠는가? 더 힘들어진다.

종이가 발명되고 필사가 가능해지고, 심지어 글자를 찍어내는 활자가 나와서 정보를 저장하는 건 가능해졌는데, 거기서 우리가 원하는 정보를 찾아내는 게 너무나도 큰일인 것이다.

그래서 나온 게 바로 도서관학 그리고 문헌정보학이다. 먼저 도서관학은 무엇인가? 막연히 도서관에 관한 학문이라고 생각하겠지만 좀 더 자세히 알아보자. 도서관학은 경영, 정보기술, 교육, 기타 분야의 실천, 관점, 도구를 도서관

에 적용하는 학제 간, 다학문 간 분야로, 정보 자원을 수집하고 조직하고 보존하고 보급한다.

역사적으로 도서관학에는 기록학도 포함되었다. 여기에는 정보 자원을 조직해서 선별된 사용자 그룹의 요구를 처리하는 법, 사람들이 분류 시스템과 기술과 소통하는 법, 도서관 안팎의 사람들이 문화를 가로질러 정보를 획득하고 평가하는 법, 사람들이 도서관에서 직업을 위해 훈련과 교육받는 법 등이 있다.

쉽게 말해 도서관학의 핵심은 '기록한 것을 어떻게 분류하고 소통할 것인가'에 대한 것이다. 여기서 핵심은 분류다. 이 분류 체계가 지난 60~70년 도서관학이 쌓아온 노하우의 결정체라고 한다. 도서관에 가서 검색하면 '2002 가. 00.'라는 식으로 쓰여 있는 것을 볼 수 있다. 도서관학의 분류 체계를 기준으로 정보들을 다 분류해놓은 것이다. 그래서 예를 들어 '임금이 자리를 오래 보존하는 것'에 대해 궁금하면 정치 주제로 들어가서 검색하면 된다.

정보와 지식을 분류하고 체계적으로 분류하고 이것을 구조화한 것, 즉 데이터베이스화시킨 것이 바로 도서관이다.

그런데 도서관학은 굉장히 중요한 학문이었음에도 많은 관심을 받지 못했다. 왜냐하면 우리가 필요한 정보가 있으면 도서관에 가서 그들이 정해놓은 분류 체계로 검색해서 찾아보면 되기 때문이다. 1990년대 중반으로 넘어가면서, 문헌정보학이라고 이름이 바뀌면서 많은 관심을 받게 되었다.

그럼 문헌정보학은 무엇일까? 문헌정보학이란 정보 자원의 생산, 가공, 검색, 수집, 유통, 활용과 관련된 현상을 연구하는 학문이다. 크게 자료 조직, 정보학, 도서관 경영, 기록 관리, 서지학계로 구성되어 있다.

구분을 보면 도서관학과 크게 달라진 게 없다. 그런데 문헌정보학의 정의에는 '정보 자원'이라는 말이 들어간다. 한국에서 문헌정보학과는 2년제와 4년제 학사 과정에 설치되어 있으며 대학원에서는 세부 학문으로 구분되어 설치되어 있다. 최근에 문헌정보학과가 신설된 대학이 아니라면 대개 도서관학과에서 이름이 바뀌었는데, 바뀐 이유는 해당 학문의 영역을 도서관 업무만으로 한정하기 어렵기 때문이다.

덕분에 문헌정보학과 출신들은 연배가 위인 사람들에

게 전공을 밝힐 경우 높은 확률로 "도서관학과죠?"라는 이야기를 듣곤 한다. 어디까지나 법적으로 문헌정보학과를 우대하는 곳이 도서관일 뿐 문헌정보학은 정보가 담긴 모든 매체에 적용 가능한 학문이기 때문에 문헌정보과 출신에게 그리 유쾌한 말은 아니다. 다만 문헌정보학과의 인지도가 워낙 낮아 처음부터 도서관학과로 소개하기도 한다.

1984년 전남대학교가 최초로 문헌정보학과로 개칭했다고 한다. 도서관학이라고 하는 학문은 도서관에서 자료를 검색하는 학문이었다면 문헌정보학은 정보라는 것을 자원으로 생각하는 것이다. 그래서 도서관에서 기록하는 행위를 정보를 생산하는 행위라고 여긴다. 그리고 도서관에서 이걸 분류하는 행위를 가공하는 행위라고 말한다. 즉 데이터를 분류하는 행위가 이들에게는 가공하는 행위가 되는 것이다.

이게 정말 중요한 포인트다. 여기서부터는 정보가 자원화되는 것이다. 우리나라에서는 1984년에 처음으로 문헌정보학과가 생겨났다고 했는데, 1990년대가 되면서 도서관학과들의 이름이 다 바뀌었다. 전자화가 이루어졌기 때

문이다. 정보의 전자화가 이루어지면서 이제부터는 정보가
자원이 되고 자산이 된 것이다.

인터넷의 탄생

우리가 요새 이런 말을 정말 많이 한다.

"데이터가 자산이다. 데이터가 돈이다."

그런데 이 기조는 이미 1990년대부터 계속해서 이어져
온 것이다. 그때부터 굉장히 많은 정보의 디지털화가 자산
이고 돈이 되고 중요한 것임을 다 인지하고 있었다. 그 과정
에서 몇십 년에 걸쳐 훈민정음, 팔만대장경, 조선왕조실록
도 전자화되었다. 그리고 그 연장선상에서 인터넷이 나타
난 것이다.

인류는 정보를 모으고 정보를 분류하고 데이터를 만드
는 일들을 계속해왔다. 어떻게 하면 과거로부터 혹은 현재

로부터 '다른 사람이 알고 있는 것을 어떻게 하면 내가 빠르게 습득할 수 있는가'에 대한 고민을 계속해오던 과정에 인터넷에 나타난 것이다.

인터넷은 1960년대에서 1970년대에 미국 국방부 산하의 고등 연구국의 연구용 네트워크로 시작되었다. 그래서 군사용 네트워크는 밀네트MILNET라는 이 전자화된 네트워크로 발전했다. 이때까지만 해도 내부 네트워크여서 밖으로 나가는 건 아니었다. 이것을 왜 만들었냐면, 당시 소련이 있었기에 소련과의 핵전쟁 등의 상황에서도 살아남을 수 있는 네트워크를 연구하다 보니, 속도도 빠르고 효율적인 네트워크를 만들게 된 것이다.

1969년 10월 29일에 최초로 UCLA와 SRI연구소 간에 아르파넷ARPANET이라는 최초의 두 노드 간 상호 연결이 일어나게 되었다. 그전까지는 군사 시설 내부에서 자신들만 사용하던 네트워크를 처음으로 UCLA에 연결하는 것이었는데, 외부로 처음 내보낸 것이다. 이게 현재 우리가 가지고 있는 인터넷망의 시초다.

인터넷이 뭔지 좀 쉽게 이야기해보겠다. 인터넷은 컴퓨

터와 컴퓨터를 연결해서 정보를 주고받을 수 있게 해주는 컴퓨터 네트워크다. 엄청나게 대단한 게 아니라는 것이다. 그런데 2000년에도 인터넷이 생겼기 때문에 이제 세상이 바뀔 거라는 이야기가 나왔다.

물론 세상은 바뀌었다. 더 효율적으로 바뀌었다. 그러나 그게 어느 날 갑자기 나타난 게 아니라 전화 회선부터 시작해서 인공위성을 통한 소통까지 발전해온 것이다.

사실 옛날로 거슬러 올라가면 종이를 서로 주고받는 것이 시작이었을 것이다. 페르시아에서는 왕명이 있으면 역참 제도를 이용해서 달려가서 정보를 줬다. 결국에는 인터넷도 이것의 연장선상인 것이다. 이곳의 기계와 저기의 기계를 연결해서 정보를 주고받는 네트워크라고 보면 아주 쉽게 이해가 된다.

이게 왜 중요하냐면, 누구나 단말기로 인터넷의 정보를 얻을 뿐 아니라 제공할 수도 있게 됐기 때문이다. 다시 말해, 쌍방향 소통이 가능해졌다는 것이다. 정보를 저장하는 행위가 분산화되었다는 것, 이것이 굉장히 중요한 혁신이다.

예전에는 도서관에서 책을 쓴 사람만 정보를 저장할 수

있었고 책을 못 쓰는 사람은 정보를 저장할 수 없었다. 그런데 이제는 누구나 인터넷에 글을 쓸 수 있는 시대가 온 것이다. 한 사람이 정보를 독점해서 저장을 하는 것이 아니라 분산화돼서 정보를 기록한다는 것이고, 집단지성이 일을 하기 시작했다는 뜻이다.

도서관학도, 문헌정보학도 누군가가 만들어낸 정보를 기록하는 과정이었다면 인터넷을 이용해서 모든 개인이 정보를 저장하고 공유할 수 있는 길이 열린 것이다. 그게 인터넷의 가장 중요한 혁신이다.

웹 2.0의 등장

인터넷이 발전하면서 웹 2.0이라고 불리는 기술이 나타났다. 이와 함께 프리챌, 하이텔, 싸이월드 같은 커뮤니티가 생겨났다. 추억의 이름을 가지고 흑역사도 많이 생성한 이런 커뮤니티에 우리가 글을 쓰고, 그걸 다른 사람들에게 보여주었다. 이건 18세기, 19세기를 사는 사람들한테는 상상도 못 할 일이었을 것이다. 거기다가 메신저와 채팅이 있어서 실시간으로 바다 건너에 있는 사람과도 대화할 수 있게 되었다.

거기다가 블로그와 야후, 네이버, 구글 같은 웹사이트까지 생겼다. 내가 기록을 하면 그게 다 저장이 되고, 그 기록된 것을 검색 엔진을 통해 검색을 한다. 웹 2.0이라고 불리는 이 기술이 아직은 굉장히 평면화되어 있기는 하나 내가 능동적으로 정보를 기록하고 공유할 수 있다. 또 내가 능동적으로 정보를 검색할 수도 있다.

여기까지는 능동성이 중요하다. 이전에 하고 싶어도 못 했던 일을 이제는 하고 싶으면 하게 되는 할 수 있는 시대가 열린 것이다.

1. 커뮤니티(공유): 프리챌, 하이텔, 싸이월드

2. 메신저&채팅(공유)

3. 블로그&웹사이트(기록)

4. 검색엔진(검색): 야후, 네이버, 구글

5. 내가 뭘 원하는지 알면 검색과 공유가 가능

내가 뭘 원하는지를 알면 포털사이트에서 검색할 수 있다. 그리고 내가 뭘 원하는지를 알면 공유를 할 수 있다. 그게 지금 우리가 보는 웹이다. 그런데 구글이나 네이버는 거기서 멈추고 싶은 생각이 없다.

예를 들어 내가 아프다고 가정해보자. 배 아래 쪽이 조금 아파서 네이버에 '배 아래 쪽이 아파'라고 검색을 해본다. 그러면 정보가 엄청 많이 뜰 것이다. 거기서 나한테 맞는 정보를 걸러내는 작업이 필요하다.

내가 뭘 원하는지, 내가 정확히 뭘 모르는지를 알면 문제가 없다. 그런데 내가 뭘 모르는지, 내가 뭘 알고 싶어 하는지를 모르는 상황에서는 이 정보를 감당하기가 힘들다. 나는 그냥 배 아래 쪽이 아파서 궁금해서 찾아본 건데 담낭이 문제일 수도 있고 신장이 문제일 수도 있고 위가 문제일 수도 있다고 한다. 수십 가지 문제점이 뜨니까 뭐가 맞는지를 알 수가 없다.

이것을 해결하려는 방법이 집단지성이다. 그런데 네이버와 구글은 여기에 관해 방향성이 좀 달랐다. 네이버 같은 경우에는 '지식인'을 통해 질문을 하면 다른 사람이 대답해주는 방식으로 갔다. 한편 구글의 위키피디아 같은 경우에는 공통 문서를 가지고 누구나 수정할 수 있게 했다. 집단지성을 이용해서 정보를 정리하고 설명할 수 있게 해주는 기술이 발전한 것이다.

여기서부터 맞춤형 검색이 시작되었다. 그전까지는 정보가 쭉 나열되면 하나하나 뒤지면서 나한테 필요한 것을 찾았는데, 이제부터는 사람들이 나한테 뭐가 필요한지를 알려주기 시작하는 것이다. 집단지성을 이용해서 내가 필요한 정보를 다른 사람들한테서 듣게 되는 것이다.

그러다 보니 맞춤화customization가 일어났다. 그리고 검색 알고리즘이라는 게 등장한다. 컴퓨터가 개인의 니즈를 파악해서 '아마 네가 이런 단어를 검색했으니 이런 것을 알고 싶어 하는 걸 거야'를 맞춰주기 시작하는 시대가 온 것이다. 이것이 2000년대 중후반 때의 일이다. (챗GPT는 나열과 맞춤형을 같이 추구하는 모델이다.)

가만히 있어도 원하는 걸 주는 웹 3.0

그러다가 웹 3.0이 나왔다. 웹 3.0은 시맨틱 웹Semantic web 기술을 사용하고 있다. 시맨틱 웹 기술은 인간의 언어 모형을 가지고 이야기한다. 웹상의 콘텐츠를 이해한 다음에 나한테 뭐가 필요한지를 그 웹에서 알려주는 것이다. 이제는 앉아서 검색어 하나를 넣으면 다 떠먹여준다. 검색을 하나 했는데 옆에 내가 원하는 물건의 광고가 뜨는 걸 경험해봤을 것이다. 아무것도 안 하고 검색만 했는데 말이다. 이게 맞춤형 정보 제공의 핵심이다.

그러다 보니까 정보를 저장하고 사용하고 소유하고 공유하는 과정이 탈중앙화되기 시작했다. 예전에는 중앙 서버에 있는 알고리즘에 의해 모든 게 결정됐다면 이제는 나한테 맞춤화된 알고리즘을 통해 정보를 저장하는 방법은 물론이고 그걸 어떻게 사용할지, 어떻게 소유할지, 어떻게 공유할지까지 다 개인에게 맞춰주는 것이다. 온전히 개인화된 작업 환경을 만들 수 있는 게 웹 3.0의 개념이다.

요컨대 웹 3.0이란 시맨틱 웹 기술을 사용해서 웹상의 콘텐츠를 이해하고 개인 맞춤형 정보를 제공해주는 지능형 웹이다. 정보 저장과 사용, 소유와 공유가 탈중앙화된다.

우리는 지금 웹 2.0에서 웹 3.0으로 넘어가는 과도기에 있다. 아직은 완전하게 탈중앙화와 개인화가 일어나지는 않았기 때문이다. 아직 모든 것이 완벽하게 내 맞춤형은 아니다. '여러 사람이 필요로 하는 것을 아마 너도 필요로 할 거야'라고 해서 제공하고 있는 상황이다. 웹 3.0으로 어느 정도 넘어가 있는 시점이긴 하지만 아직 완전히 이행되지는 않았다.

웹 2.0은 내가 뭘 필요로 하는지, 뭘 원하는지를 알아야 하는 능동형 시스템이었다면 웹 3.0은 가만히 있어도 내가 필요한 걸 모두 갖다준다. 우리는 그 중간 어딘가에 있는 상황이다.

그런데 챗GPT는 웹 3.0을 구현하는 시작점으로 볼 수 있으며, 웹 3.0으로 들어가는 촉매제가 될 수 있다. 왜냐하면 챗GPT는 인간의 언어를 할 수 있기 때문이다. 이게 굉장히 중요한 포인트다.

네이버도 구글도 인간의 언어를 하지 않는다. 내가 내

니즈에 맞는 검색어를 넣어야 한다. 그런데 이제는 그게 아니라 내가 말하는 대로 검색할 수 있게 된다.

여기서 핵심은 맞춤화다. 맞춤화를 여러 번 강조하는 이유가 있다. 결국 챗GPT가 추구하는 것은 나한테 맞춰져 있는 정보를 빠르고 효율적으로 제공하기 위한 메커니즘이다. 이것은 어느 날 갑자기 "우리 이제부터 이거 합시다"가 아니라 지난 10만 년간 인류가 노력해온 결과물이다.

인류 사회의 거대한 방향성, 우리가 필요로 하는 것이 무엇이냐고 했을 때 그건 바로 정보의 맞춤형 제공이다.(이건 기술의 방향성은 아니다. 기술자들이 머신러닝을 가지고 뭘 하는지 우리는 모르지 않은가.) 구글 글래스만 봐도 그렇다. 내가 돌아다니면서 모르는 것이 있을 때 그것을 찍으면 이미지가 검색돼서 보인다.

챗GPT도 같은 맥락이다. 예전에는 내가 필요로 하는 것을 검색하거나 집단지성을 활용했다. 그런데 챗GPT라는 인간의 언어로 물어봤을 때 인간의 언어로 대답해주는 기계와 인간의 매개체가 나왔다. 그렇다면 내가 원하는 정보를 훨씬 더 빠르게 훨씬 더 효율적으로 습득할 수 있게 되지 않겠는가. 내가 원하는지도 모르는데 원하는 정보가 나타날 수도 있고, 내가 필요로 하지만 미처 인식하지 못하고 있던 정보를 챗GPT가 먼저 알아낼 수도 있는 것이다.

챗GPT를 어떻게 볼 것인가?

챗GPT는 생각할 수 없다

그렇다면 챗GPT를 어떻게 보아야 할까? 이 결론에 이르기 위해 지금까지 긴 이야기를 한 것이다. 챗GPT가 우리의 미래를 바꾸고 인간의 일을 다 대신해줄 엄청나게 대단한 기술인 것처럼 많이들 이야기한다. '챗GPT가 이렇게 생각한다면'이라는 가정을 하기도 한다. 그런데 챗GPT가 생각을 할 리가 없잖은가.

챗GPT는 인간의 언어로 소통하는 초고도화 맞춤형 거

대 검색 엔진이라고 보면 된다. 간단하게 말해서 인간의 언어로 소통하는 초고도화된 맞춤형 거대 검색 엔진, 네이버의 끝판왕이라고 보면 된다. 혹은 인간의 언어로 이야기하는 구글이라고 생각하면 된다. 현재로서는 그게 챗GPT다.

미래에는 어떻게 될지 모르겠지만 최소한 챗GPT4가 나오는 가까운 미래에는 이 이상으로 진화하기는 어렵다. 왜냐하면 현재까지 우리가 가진 러닝 기술이 이 정도이기 때문이다(기술자들은 다르게 이야기할지 모르겠지만). 메타버스 같은 가상 공간에서는 챗GPT와 같은 대화형 인터페이스가 훨씬 적합하다. 메타버스에서 돌아다니면서 인간의 언어로 대화를 하면 정말 영화 〈매트릭스〉 속 세상인 것이다. 메타버스 내에서는 내가 필요한 정보를 그때그때 실시간으로 얻을 수 있다.

메타버스가 가상 경제 구현에 있어서 핵심 공간이 될 수밖에 없는 이유는 시간이나 공간적 제약을 해결해줄 수 있는 메커니즘이기 때문이다. 물론 지금은 메타버스에 대한 많이 관심이 줄어들긴 했다. 그렇다 보니 챗GPT는 가상 경제 구현의 신호탄이자 촉매제가 될 수 있는 것이다.

챗GPT가 인간을 위해 엄청나게 대단한 일을 해서 우리 사회를 처음부터 바꿔놓을 거라고 생각하기보다는 우리가 가상의 공간으로 가는 데 있어서 무기가 하나 더 생긴 것이다.

내 캐릭터가 메타버스 가상 공간에서 살고 있는데 필요한 정보를 챗GPT가 그때그때 줄 수 있다. 인간의 언어로 물어보고 인간의 언어로 대답해준다. 이게 우리가 생각했던 구글 글래스의 역할이었다.

그러니까 뭐 엄청나게 대단한 건 아니다. 아니, 기술적으로는 대단하지만 개념적으로 봤을 때는 예전 기술의 연장선상이다. 챗GPT3 그리고 챗GPT4가 나오겠지만 이 또한 아직까지 검색 엔진에 불과하다. 엄청나게 대단한 창의적인 일을 하지는 않고, 인간의 언어로 말하지만 옳고 그름을 판단하지도 않는다.

물론 미래에 어떻게 될지에 대해서는 좀 더 지켜봐야 한다. 머신러닝 기술이 어디까지 발전할 수 있느냐의 문제가 남아 있기 때문이다.

인간의 직관은 가장 위대한 알고리즘

앞서 챗GPT는 맞춤형 거대 검색 엔진이라고 했다. 현재 서비스되고 있는 챗GPT3, 정확히는 챗GPT3.5 그리고 챗 GPT4는 아직 초기 모델이라고 한다. 1년 내에 매개 변수 기준으로 최대 571배를 상향할 계획이다. 복잡하게 이야기할 필요 없이 간단하게 말하면 검색을 더 빠르게 할 것이라는 거다. 데이터를 소화하는 속도와 데이터를 제공하는 속도를 더 빠르게 만들 것이다.

우리 인간의 뇌에는 뉴런이라는 신경세포가 있다. 뉴런들이 계속 왔다 갔다 하면서 정보를 처리한다. 인간의 사고 구현한 AI에서 매개 변수는 시냅스에 해당하는데, 시냅스는 사람의 뇌에서 뉴런과 뉴런을 연결하는 역할을 한다. 다시 말해 시냅스는 정보를 전달하는 전달망인 것이다.

현재 챗GPT는 시냅스를 1750억 개 사용하고 있다. 2018년에는 이게 1억 1700만 개였고 2019년에는 15억 개였다. 기하급수적으로 늘어나는 게 보인다. 이 매개 변수가 많아지면 많아질수록 정보를 더 빨리 처리한다. 그래서 다음 버전에서는 인간의 시냅스 숫자와 비슷한 수인 100조 개의 매개 변수를 사용할 예정이라고 한다.

알고리즘은 아직은 뭘 해도 인간의 직관을 이길 수 없다. 왜냐하면 우리는 주변의 수많은 정보를 실시간으로 인지하면서 다 처리하고 있기 때문이다. 다들 '왠지 저기가 나쁠 것 같아. 왠지 저기가 불안할 것 같아'라는 촉이 있지 않은가. 이게 사실은 직관이다. 그런데 알고리즘은 절대 그렇게 할 수 없다. 어찌 보면 너무 당연한 이야기다. 인간의 직관은 가장 위대한 알고리즘으로, 어떤 인공지능도 인간의 촉을 이길 수는 없을 것이다.

새로운 정보를 창조하는 건 완전히 다른 영역

정보의 기록과 저장과 축적과 검색에 있어서는 AI가 인간의 직관과 비슷한 성능을 보일 수도 있다는 이야기를 한다. 왜냐하면 앞으로 시냅스 숫자와 매개 변수의 숫자가 비슷해질 것이기 때문이다.

그럼에도 불구하고 새로운 정보를 창조하는 것은 완전히 다른 영역이다. 아직은 알고리즘 수준이다. 알고리즘은 자신들이 배운 것에서 정보를 짜깁기할 수는 있을지 몰라도 뭔가를 창조하거나 창의적인 일을 할 수는 없다. 물론 모방이 창조의 어머니라고 한다면 할 말은 없다. 그런데 그 수준이 우리가 생각하는 것처럼 완전히 창조적인 작업은 안 될 것이다.

나는 30년 뒤의 미래를 이야기하는 사람은 아니다. 30년 뒤에 내가 뭘 하고 있을지도 모르겠다. 그러나 가까운 미래에는 챗GPT가 거대 검색 엔진 이상이 될 거라고 생각하지 않는다.

2016년 우리를 놀라게 했던 알파고를 기억하는가? 당시 언론에서는 마치 알파고가 스스로 생각해서 바둑을 두는 것처럼 이야기하곤 했다. 이세돌과의 대국에서 알파고의 의도를 파악하는 글들도 있었다.

그런데 세상에 그런 게 어디 있겠는가. 알파고는 그냥 엄청나게 많은 경우의 수를 계산할 뿐이다. 한 수가 움직이면 거기서부터 갈 수 있는 모든 경우의 수를 계산하기 어려우니, AI에게 기존에 있는 기보와 대국들을 학습시켜서 가장 필요한 경우의 수만 남겨 계산시킨 게 알파고였다. 따라서 알파고는 엄청나게 많은 경우의 수를 빠르게 계산하는 알고리즘에 불과했다. 그러니까 알파고의 대국과 기보를 해석하는 건 아무 의미가 없었던 것이다. 왜냐하면 그냥 확률에 의해 게임을 한 것이기 때문이다.

챗GPT도 마찬가지다. 챗GPT의 미래에 대해 우리는 너무 과장하고 있다고 생각한다. 챗GPT가 스스로 생각을 할 리도 없고, 한동안은 우리의 미래를 획기적으로 바꾸지도 않을 것이다.

물론 맞춤화, 고도화, 소통의 자연스러움이라는 큰 방향성에 있어서 챗GPT는 혁신적인 진보임에는 틀림없다고 본다. 기술의 진보가 더욱더 이루어진다면 챗GPT와 다른 기술들이 융합돼서 정말 새로운 세계를 천천히 열어갈 수는 있을 것이다.

그러나 가까운 미래에 이 챗GPT로 인해서, 마치 2020년경 블록체인이 그럴 거라고 이야기했듯, 그리고 2022년에 NFT와 메타버스가 그럴 거라고 이야기했듯, 엄청나게 큰 변화가 임박해 있을 거라고 생각하지는 않는다. 결론적으로 챗GPT는 거대 검색엔진 이상의 영향력을 발휘하지는 못할 것이라고 생각한다.

🌙 Dark Mode

↗️ Updates

↪ Log out

PART 3

챗GPT 기술의
모든 것

AI부터 챗GPT까지 신기술 A to Z

↺ Regenerate response

>>>

챗GPT의 가장 혁신적이고 가장 놀라운 점은 우리가 한 질문에 대해서 척척 대답해주는 게 아니다. 기계가 인간의 언어로 말하는 게 놀라운 게 아니라, 인간의 말을 내뱉기 위해서 웹상에 있는 인간의 언어를 기계가 소화하고 처리하는 역량을 갖췄다는 게 혁신이다. 적어도 챗GPT는 인간의 언어로 된 정보를 습득하고 소화하는 역량을 가지게 된 것이다.

1

챗GPT의 미래를 보려면
기술을 이해하라

기술은 우리 삶이기에 알고 판단하자

3부에서는 챗GPT 기술에 관해 지극히 사회과학적 시각에서 접근해서 설명할 것이다. 기술에 대한 배경지식이 없는 사람들에게 새로운 기술을 이해할 수 있는 관점과 방법론을 제시하고자 한다.

AI 전공자들이 보기에는 복잡하고 다양한 측면이 있는 기술을 이렇게 단순화해서 이야기한다고 불쾌해할지도 모르겠다. 그런데『자본론』이나『국부론』같이 경제학과 철학

사이에 걸쳐 있는 고전을 설명할 때도, 내 전공 분야지만 단순화하고 핵심만 짚어 설명한다. 물론 더 깊이 들어가면 복잡다단한 측면들이 있고 더 논의할 부분이 많지만 기본적으로 큰 흐름은 바뀌지 않기 때문이다.

기술도 경제학도 철학도 결국 사람이 하는 일이다. 아무리 복잡다단한 면이 존재한다고 해도 결국 일반인들 기준에서 '이것은 알아야 해'라는 것을 끄집어내는 것이 전문가의 역할이 아닐까. 길을 안내해주는 '지도'와 같은 역할 말이다.

예를 들어 로마에 놀러 가면 뭘 볼 것인가? 우선 콜로세움을 보고 원형 경기장과 포로 로마노도 가볼 것이다. 그게 로마의 다일까? 그렇지 않다. 그런데 관광 지도를 펼쳐보면 그렇게 대표적인 관광지만 크게 표시해두었다. 한정된 시간과 자원을 가진 관광객들이 최대한 효율적으로 로마의 핵심을 둘러보도록 돕기 위해서다.

챗GPT 기술에서도 더 깊이 들어가면 다양한 분야가 있으며 그 하나하나가 평생을 바쳐서 연구할 주제들이다. 그러나 우리는 말하자면 기술을 관광하는 사람들과 같다. 기술을 사용할 입장에서 무엇을 알아야 하는지가 가장 궁금하다. 몇백 년간 걸쳐서 발전해온 기술이더라도 모든 걸 다 알 필요는 없다. 방대한 AI 기술을 다 이해하려야 할 수도 없다.

그러므로 지도처럼 우리를 가이드해줄 수 있는 핵심 정리가 필요하다. 3000년이 넘게 이어져온 철학도 핵심 정리를 하는데, 하물며 100년 남짓 된 AI 기술이라고 그렇게 못할 이유가 없다.

사람들은 기술 혁신에 대해서 이야기할 때 그것을 운용하는 역할이 아니라 설계하고 정비하는 사람처럼 이해해야 한다고 생각하는 경향이 있다. 그런데 화학이나 생물학 등 다른 과학 전공자들도 진정한 의미에서 인공지능 기술을 이해하는 건 거의 불가능하다고 본다.

그렇다면 경제학, 사회학, 영문학, 교육학 등 비전공자들은 그 기술을 응용한 완전체 프로덕트가 나올 때까지는 결코 감도 못 잡아야 할 것인가. 그냥 AI 전문가들이 하는 말을 곧이곧대로 받아들여야 할 것인가.

그렇지 않다. 미래 가능성을 현실적으로, 과장 없이 냉철하게 전망하기 위해 반드시 전공지식이 필요한 것은 아니다. 오히려 어떤 기술이든 일반 사람들이 잘 이해하지 못한다면, 그 기술이 무엇을 할 수 있는지 의문을 가져봐야 한다고 생각한다.

기술에 관한 배경지식이 없는 사람들도 충분히 미래상을 내다볼 수 있다. 우리도 기술에 대해 알고 판단할 권리가 있다. 결국에는 우리가 챗GPT를 이용하는 고객이기 때문이다. 기술도 우리 세상의 일부이고 삶이다. 아무리 최신 기술이고 우리가 이해할 수 없는 고도화된 기술이라도 우리 삶에 적용될 수 있어야 가치 있는 것 아니겠는가. 다만 기술이 세상을 바꿀 미래가 언제 올 것인가에 대해서는 정말 똑똑한 미래학자들도 전혀 갈피를 못 잡는 듯하다.

우리가 어렵다고 생각하는 것은 기술의 '구현'인데, 그것은 이 책의 목적과는 다르다. 우리가 기술을 구현하려는 건 아니기 때문이다. '응용'에 대해서는 누구나 충분히 이해할 수 있다. 지금 우리가 이해하려는 것은 기술의 응용에 대해 생각하는 프레임워크다.

따라서 '이 기술이 과연 무엇인가'도 중요하겠지만 이 기술을 어떻게 바라보고 이해할 것인가에 관해 이야기하

겠다. 기술의 응용을 바라보는 관점에 관해 이야기하고, 챗
GPT를 이해하는 데 필요한 다양한 기술에 대해 기초적인
논의를 할 것이다. 간단하게 말하면 범용 인공지능이라는
것에 대해 설명하려고 한다. 시맨틱 웹과 머신러닝 그리고
자연어 처리라는 세 가지를 통해 범용 인공지능을 살펴볼
것이다.

기술을 이해하려면 목적을 먼저 이해해야 한다

일반적으로 사람들이 새로운 기술을 이해하려는 이유는 그
기술을 사용하기 위해서다. 예를 들어 교육업에 종사한다
면 교육에서 챗GPT를 어떻게 이용할 수 있는지가 궁금할
것이다.

　블록체인이나 메타버스, NFT 같은 새로운 기술이 나올
때마다 기술을 잘 이해해야 한다고 전문가를 비롯한 많은
사람이 강조하는데, 사실 그렇게 자세히 알 필요는 없다.
평범한 사람들도 기술의 윤곽을 보면 충분히 미래를 내다

볼 수 있다. 전문 지식이 없어도, 우리의 직관과 현재의 윤곽만을 가지고도 현상을 이해하고 가까운 미래를 예측할 수 있다.

사실 우리가 아는 발명 중에는 우연히 만들어진 게 아주 많다. 예를 들어 포스트잇은 전혀 그런 걸 만들려고 만들었던 게 아니다. 강력 접착제를 개발하던 중에 실수로 접착력이 약하고 끈적임이 없는 접착제를 만들게 된 것이다. 페니실린은 또 다른 예다. 균을 배양하는 실험을 한 접시에 곰팡이가 자랐는데 그 주위에만 세균의 번식이 없었고, 그래서 곰팡이에 살균작용이 있을 수 있겠구나 하는 가설을 세운 것이 시작이었다.

그러나 현대의 많은 기술, 특히 영리 기업에서 상품으로 내놓는 제품이나 서비스들은 목적과 계획을 가지고 개발되는 것이 일반적이다. 이렇다 보니 전공자들을 제외한 그 누구도 이 과정에서 이 기술을 이해할 수가 없다. 목적과 계획이라는 큰 그림을 아무도 보지 못하기 때문이다.

챗GPT도 아직 최종 결과물은 아니다. 그렇기 때문에 섣불리 '이 기술이 이런 결과물이나 서비스에 응용될 수 있겠다'라고 생각하는 건 어렵다는 걸 먼저 인지해야 한다. 지금 수많은 기업이 "챗GPT를 이렇게 활용하면 됩니다"라고 의견을 내고 있지만, 최종적으로 어떻게 활용될지는 아무도 모르는 것이다.

기술의 불확실성, 그리고 기술이 낳는 결과물의 불분명성을 나는 수학 문제를 푸는 것과 같다고 말하곤 한다. 수학 문제를 풀 때 아무래도 문제가 풀리지 않아서 정답을 보면 '내가 이걸 왜 몰랐지?'라는 생각이 드는 경험을 해봤을 것이다. 풀리지 않던 문제도 답을 보면 '에이, 별거 아니었잖아. 이렇게 쉬운걸!'이라는 생각이 든다. 그러나 답지를 보지 않으면 한 시간 가까이 머리를 싸매도 그 간단하고 명확한 것을 알기 어려울 수 있다.

기술 혁신이 가진 의미를 이해하려는 사람의 처지도 비슷하다. 써보니 신기한 것은 알겠는데, '이게 정말로 어떤 결과를 불러올 것인가?'를 기술 그 자체만 봐서는 이해하기 어렵거나, 중요한 맥락을 놓칠 수 있다. 한편으로는 '내가 생각했던 것보다 그렇게 대단한 것도 아닌 것 같은데?'라는 생각도 든다.

이게 어떻게 적용이 돼서 어떤 결과를 가져올지는 아직 상상하기 어렵다. 그러니까 더더욱 상상의 나래를 펼치게 된다. "와, 이걸로 스스로 생각하는 기계를 만들어낼 수도 있겠는데?", "챗GPT가 우리 직업을 다 대체할 거야. 챗GPT가 앞으로는 이런 직업들을 없앨 거야", 이런 말들이 오고 가는 이유는, 간단히 말하면 그 누구도 이 기술의 답안을 보지 못했기 때문이다.

아직 챗GPT의 최종 결과물은 볼 수 없다

여러 번 강조하지만 우리는 챗GPT 기술을 활용한 최종 결과물을 보고 있지 않다. 챗GPT뿐 아니라 앞으로 어떤 신기술을 볼 때든 이 점을 명심해야 한다. 어떤 기술이 세상을 바꿀 것처럼 이야기하지만 미래는 아무도 모른다. 그리고 그 정도는 아닐 확률이 더 높다. 챗GPT와 대화를 해보면 알 수 있을 것이다, 아직 그 정도는 아니라는걸.

따라서 내가 강조하고 싶은 건 상식과 직관이다. 그저

막연한 장밋빛 꿈과 희망을 가지고 미래를 상상할 것이 아니라, 상식과 직관을 이용해서 기술을 최대한 단순화하고 우리가 가진 기존의 경험에 비춰 미래의 활용 모습을 추정해야 한다.

챗GPT를 채팅에 적용하고 마이크로소프트 오피스에 적용하고, 이런 식으로 챗GPT를 여러 곳에 적용하면 이들이 내 일을 다 대신해줄까? 상식적인 수준에서 생각하면 그러기는 힘들다. 챗GPT가 마치 모든 문제를 해결해줄 것처럼 말하는 주장은 걸러 들을 필요가 있다.

그리고 상식적으로 모든 문제를 해결해주는 기술은 세상에 없다. 상식적으로 우리의 가까운 미래를 혁신적으로 바꿀 기술이 있다면 그게 이미 우리 인생을 바꿨을 것이다. 세상을 바꿀 거라던 블록체인, NFT, 메타버스 등이 지금 다 어디로 갔는지 생각해볼 필요가 있다.

예를 들면 이런 것이다. 혁신이라는 단어가 남발되는 세상 속에서, 스마트폰은 혁신이라 불리어 마땅한 혁신이다. 단순히 학계 박사들, 연구원들만 열광하는 기술적 돌파구에 그치는 것이 아니라, 정말로 우리의 삶의 양상, 문화와

제도까지 바꿔놓은 혁신이 맞다.

그런데 스마트폰은 단독의 혁신이 아니다. 스마트폰이라는 제품 혁신을 위해 굉장히 많은 기술 혁신이 들어간다. 이 중에서 당장 눈에 띄고 당연한 것들만 몇 개 나열해도 다음과 같다.

1. 모바일 기기에 탑재될 수 있는 작고 고성능의 디지털 카메라
2. 통화뿐만이 아니라 높은 용량의 데이터를 아주 빠르게 주고받을 수 있는 통신 기술
3. 사용자에게 굉장히 편리한 ux를 구현할 수 있는 소프트웨어
4. 위 소프트웨어를 구동할 수 있는 고성능의, 작고 가벼우며, 발열도 적고, 전력 소모도 적은 연산 장치
5. 위 연산 장치를 안정적으로, 오래 구동할 수 있는 작고, 가볍고, 안정적이고, 몇 년이 지나도 용량을 유지하고, 폭발할 위험도 없는 배터리
6. 사용자에게 실물을 보는 듯한 디스플레이를 제공하면서도 렉 없이 입력을 받을 수 있는 터치스크린

이런 기술을 현대인에게 보여주고 "이게 어느 제품에 들어가는 기술인가?"라고 물어보면 우리는 이미 답과 해설을 다 알기에 당연히 스마트폰이라고 대답할 것이다. 그런데 20년 넘게 전으로 돌아가서, 아이폰은커녕 최초의 스마트폰, 그 개념도 존재하지 않던 시절(상기 기술들이 진짜로 준비되어 있다고 한들) '이걸 가지고 스마트폰을 만들 수 있겠구나!'라고 생각하는 것은 쉽지 않을 것이다. 괜히 이를 상용화까지 이끈 스티브 잡스와 그의 인사이트를 타계 후에도 추앙하는 것이 아니다.

그런데 우리가 지금 딱 그 쉽지 않은 과제에 봉착한 것이다. 최종 결과물(스마트폰)이 어떤 형태일지 모르는 상태에서, 챗GPT만 가지고 이게 어디에 응용될지 추론하기는 쉽지 않다.

10년쯤 뒤에 우리 스스로를 돌아보면서 '왜 우리가 챗GPT의 함의를 몰랐을까. 스마트폰과 기반 기술의 관계처럼 명확한 것을…' 이라고 말할 수 있겠지만, 회고할 때는 명료한 것들을 당시에는 전혀 갈피를 못잡는 게 놀라운 일은 아니다.

지금 시점에서 미래에 챗GPT가 어떤 함의를 가질지 단언하기는 어렵다. 아니, 불가능하다. 그러나 앞서 비유한 수학 문제-풀이-답의 관계처럼, 답과 풀이를 힐끗 보면 좀 더 감이 올 것이다.

물론 챗GPT가 한 가지 답(프로덕트)에만 쓰일 풀이(기술)는 아니겠지만, 적어도 가장 유망한 부분에 대해 이야기해볼 수 있다. 그 답, 즉 기술자들이 개발해내고자 하는 최대의 목표 생산물은 범용 인공지능이다.

범용 인공지능을 개발하려는 열망

인간의 최종 목표, 범용 인공지능

챗GPT를 설명할 때 '머신러닝을 이용한', '인간의 언어를 탑재한' 같은 수식어가 붙는다. 그리고 마지막에 붙는 설명이 '범용 인공지능'이다. 한국어에서는 항상 마지막에 나오는 게 결론 아닌가. 그러니까 챗GPT는 범용 인공지능이다. 이 한마디가 사실은 굉장히 많은 것을 설명해준다.

범용 인공지능을 만들겠다는 인간의 집념은 사실 새로운 게 아니다. 영국의 수학자 앨런 튜링Alan Turing에 대해

들어본 적 있을 것이다. 〈이미테이션 게임〉이라는 영화로도 만들어졌다. 제2차 세계대전에서 튜링은 독일군의 에니그마 암호를 해독하는 임무를 맡았는데, 에니그마 암호는 18억 가지의 경우의 수를 써서 만든 것이라 해독하기 어렵기로 악명 높았다. 그런데 튜링이 그것을 머신러닝을 통해 해독했다. 그 과정에서 이미 인류는 머신러닝과 AI에 대한 고민을 하기 시작한 것이다.

제2차 세계대전이 끝나고서부터 튜링을 중심으로 하는 굉장히 많은 학자가 AI, 즉 범용 인공지능에 대한 고민을 계속해서 해왔다. 물론 그사이에 세상이 참 많이 바뀌었다. 그런데 최근 기술의 진보를 포함하더라도 평범한 사람들이 일상에서 사용할 수 있는 범용 인공지능이 갈 길은 여전히 아주 멀다.

알파고가 나왔을 때도 마치 인간처럼 생각하는 인공지능이 나온 것처럼 이야기했지만 결국 알파고는 그냥 경우의 수를 잘 계산하는 알고리즘에 불과했다. 그런데도 당시 전문가들이나 언론은 알파고가 마치 스스로 생각하는 것처럼 말했다. 알파고가 바둑을 두는 것을 보면서 "여기서는 정말 공격적으로 나갔네요. 여기서는 엄청 수비적으로 하네요"라는 식으로 말하곤 했다.

그러나 알파고는 한 수를 두면 거기서 바뀐 모든 수에 가장 일어날 확률이 높은 움직임을 확률적으로 계산해서 가장 이길 확률이 높은 수를 둔 것뿐이다. 공격적인 수나 수비적인 수를 스스로 의도하고 둔 것이 아니다.

이처럼 새로운 기술이 나올 때마다 정말 세상을 바꿀 것처럼 호들갑을 떨다가 결과는 전혀 그렇지 않았던 경험을 우리는 여러 번 했다. 그때마다 실망도 했다. 지난 긴 시간 동안 너무 실망을 많이 해서 이젠 혁신이라는 말도 지겨울 정도다. 물론 인공지능이 갈수록 빠르게 진보하는 건 맞다. 하지만 그토록 많이 실망했는데 빠르게 진보한다는 말도 어찌 보면 모순적이다.

챗GPT가 나왔지만 사람과 똑같이 사고하면서 정말 사람처럼 대화하는 범용 인공지능이 나올 확률은 아직 제로다. 사람만큼 생각하는 인공지능을 실제로 기대하는 사람은 없을 것이다. 사실 우리는 직관적으로 다 알고 있다. 그게 그렇게 쉽게 될 리가 없다는 것을 말이다.

기계가 세상을 배우는 법

'인공지능이 요즘 아주 핫하던데?' 하고 생각할 수 있다. 단순히 수학 문제를 푸는 것을 넘어서, 인간보다 그림도 잘 그리고, 시도 쓰고, 교향곡도 쓰고, 체스는 당연하거니와 바둑도 잘 두고, 곧 운전도 할 것이라고 한다. 이렇게만 보면 인공지능이 굉장히 빠른 속도로 진보하고 있다고 생각할 수 있다.

하지만 이들은 특수 목적 인공지능이다. 한 가지 목적에 굉장히 특화된 인공지능으로, 창조자가 지정한 목적, 그리고 학습한 부분에 대해서는 굉장히 뛰어나고 인간을 (확실히 속도에 있어서라도) 압도하지만, 그 외의 일은 가장 간단하다고 여겨지는 것도 해내지 못한다.

인공지능은 강형 인공지능과 약형 인공지능으로 나뉜다. 사람들이 흔히 생각하는 인간 같은 AI가 강형 인공지능이고, 우리가 보아온 알파고나 챗GPT는 아직 그 정도는 아닌 약형 인공지능이다. 생각하는 기계가 아니라 학습한 것을 정리해서 이야기해주는 기계를 말한다.

알파고한테 "너는 이름이 뭐니?"라고 물어보면 대답할 수 있을까? 못 한다. 알파고는 단지 바둑을 두기 위한 알고리즘이기 때문이다. 너무 당연한 이야기다. 우리한테는 너무나도 당연한 레고 블록 쌓기를 컴퓨터는 못 한다. 그것을 목적으로 만들어지지 않았기 때문이다. 만약 레고 블록을 쌓기 위해서 만들어진 컴퓨터라면 레고 외의 다른 걸 못할 것이다.

또 한 가지 중요한 점이 있다. 컵에 물을 따르는 것이나 문손잡이를 돌리는 것, 아니면 편의점에 가서 삼각김밥을 사는 것 등이 우리 인간한테는 너무나 쉽다. 그런데 이것은 우리 뇌의 직관을 통해 가능한 것이다.

편의점에 가서 삼각김밥을 사 오는 명령을 코딩한다고 하면 삼각김밥의 종류나 크기, 모양 등의 조건을 하나하나 다 입력해야 한다. 일상에서 일어나는 모든 경우의 수를 엔지니어가 한 땀 한 땀 바느질하는 장인처럼 프로그래밍해야 하는데, 이렇게 하더라도 AI가 우리 같은 일상을 살게 하는 건 불가능하다. 일단 가성비가 안 나온다. 너무나도 비용이 많이 들어가는 일이기 때문이다. 오죽하면 아직도 컴퓨터 공학자, 뇌과학자, 심리학자가 한데 모여서 인류의 숙원을 위해 밤낮으로 일하고 있겠는가.

범용 인공지능을 만들려면, 적어도 어린아이나 보더 콜리 정도의 인지 능력과 추론, 행동이 가능한 인공지능을 말들려면 스스로 학습하는 능력을 가르쳐야 한다. 이것이 범용 인공지능이라는 답에 도달하기 위한 풀이이며, 문제는 '어떻게 기계가 스스로 배우게 할 것인가?'이다.

문제는 학습하는 능력을 가르치는게 말처럼 쉽지 않다는 것이다. 기계가 학습하게 만든다는 건 무슨 의미일까? 아이를 키우는 사람이라면 알겠지만 아기는 말하지 못 하고 움직이지도 못할 때부터 계속 주변의 말소리를 듣게 된다. 이를 통해 아기의 머릿속에 수많은 정보가 들어가고, 만 3세 정도가 되면 스스로 말할 수 있게 된다. 그리고 걸어다니기 시작하면서 장애물들을 피해 다닐 수 있게 된다. 또한 복잡한 관념을 언어로 표현하기 시작하며, 시청각을 비롯한 다양한 감각 정보를 복합적으로 처리하고 판단할 줄 알게 된다. 자신의 감각이나 감정까지 판단하고 상대방의 감정도 눈치챌 수 있게 된다. 대부분의 아이가 태어나서 세상을 학습한 지 3년 만에 이런 것들을 해낸다. 이것을 기계한 테 어떻게 가르칠 수 있겠는가.

여기서 인간보다 기계가 우월한 점이 하나 있다. 기계는 지치지 않는다는 것이다. 전기를 계속해서 공급해주고 마모되는 부품을 계속해서 갈아주기만 하면 기계는 지속적으로 일할 수 있다. 그래서 기계는 뭔가를 학습할 때 전 분야에 관해 '동시에' 학습하는 것이 가능하다.

예를 들면 나는 40대이고 평생 경제학을 공부했다. 그런데 챗GPT를 공부하려니 너무 힘들었다. 이걸 경제학적 관점에서 해석하는 것인데도 쉽지 않다. 인간의 관점에서는 내가 평생 해온 것과 다른 것을 학습하는 과정이 너무나도 험난하다.

그런데 기계는 일단 학습을 시켜놓으면 인간을 뛰어넘는 집중력을 발휘할 수 있다. 그 집중력이라는 게 쇠퇴하지도 않는다. 오래 한다고 더 느려지지도 않고 오히려 가속화된다. 데이터가 많아지면 많아질수록 배우는 게 더 빨라지기 때문이다. 이처럼 기계는 일단 기초가 쌓여 있으면 정말로 많은 양의 데이터를 한꺼번에 처리할 수 있다는 장점이 있다.

그에 반해 기계는 데이터가 없는 전혀 새로운 분야를 인지하는 데는 너무나도 취약하다. 예를 들어 챗GPT 같은 기술이 새로 나왔을 때 나는 그것을 경제학적 관점에서 해석하겠다고 전제를 깔아놓고 시작한다. 기술을 모르고 AI를 잘 몰라도 경제학의 프레임에서 이 사회현상을 바라보고 해석할 수 있다. 즉 내가 아는 것을 기반으로 지식을 확장해 나갈 수 있다. 그런데 AI는 데이터가 없는 분야에 관해서는 학습할 수 없다.

따라서 범용 인공지능을 달성하기 위해서는 기계를 학습시켜야 한다는 문제에 직면하게 된다. 기계를 학습시켜 범용 인공지능을 만드는 데 바탕이 되는 기술에는 세 가지가 있다. 시맨틱 웹, 머신러닝 그리고 자연어 처리가 그것이다.

범용 인공지능을 향한 세 가지 시도

시맨틱 웹: 의미의 대사전

먼저 시맨틱 웹에 대해서 알아보자. 거실에 텔레비전이 틀어져 있고, 나는 한쪽 구석에서 음악을 들으면서 책을 보고 있다고 해보자. 그런데 전화가 온다. 나는 전화를 받으면서 AI 스피커한테 "볼륨 좀 줄여줘"라고 말한다. 그러면 AI 스피커는 텔레비전과 음악의 볼륨을 줄일 것이다. 그런데 볼륨을 줄이라고 말했을 때 "네? 무슨 말인지 잘 이해하지 못했습니다"라고 대답하는 경우가 꽤 있다. 내가 원하는 결과를 얻으려면 우선 발음이 좋아야 한다.

그리고 집 안의 가전기기들이 AI로 연동되어 있어야 한다. AI 스피커는 삼성 제품인데 텔레비전은 LG 제품일 수 있다. 둘이 호환이 되어야 하는데 잘 안 될 수 있다. 그리고 삼성의 AI 스피커가 LG 텔레비전에 원하는 정보를 제대로 전달할 수 있을까의 문제도 있다. 왜냐하면 회사마다 다른 데이터베이스를 기반으로 AI를 학습시키기 때문이다.

그래서 삼성 제품의 명령어를 LG 가전제품은 못 알아들을 수도 있다. 같은 단어를 다른 식의 발음으로 표현할 수도 있고, 같은 개념을 다른 단어로 설명할 수도 있기 때문이다. 예를 들어 삼성의 언어에서는 '볼륨 컨트롤'이라고 하는 것이 LG의 언어로는 '오디오 아웃풋'일 수 있다. 인간은 어떻게 말하든 듣자마자 알아듣지만 AI는 두 표현이 같은 뜻이라는 것을 미리 학습시키지 않았으면 절대 알 수가 없다.

그래서 기계들끼리, 그리고 기계와 세상이 쉽게 소통할 수 있도록 만들어주는 언어가 바로 시맨틱 웹이다. '에스페란토어'라는 언어를 아는가? 세계 공용어를 목표로 만들어진 언어다. 나는 시맨틱 웹을 바로 기계들의 에스페란토어라고 말한다. 기계들이 세상을 잘 이해할 수 있도록 시맨틱 웹이라는 의미의 대사전을 만들어준 것이다.

예를 들면 "빨간색으로 둥글고 위에 꼭지가 있는 이 물건을 우리는 사과라고 부른다"라는 것을 시맨틱 웹에다 저장해주는 것이다. 이처럼 세상의 모든 것에 이름을 붙이고 분류를 해주는 것이다. 그러면 기계는 이 시맨틱 웹이라는 대사전을 참고해서 인간의 언어와 세상에 있는 모든 물건의 의미를 파악할 수 있게 된다. 복잡한 연산 없이 자신이 무엇을 해야 하는지 판단할 수 있게 해주는 게 바로 시맨틱 웹이다.

시맨틱 웹과 직접적인 관련이 있지는 않지만 같은 맥락에서 볼 수 있는 게 있다. 2023년 보스턴 다이내믹스라는 회사의 '아틀라스'라는 로봇이 화제가 되었다. 이 로봇의 시연 영상을 보면, 로봇에게 물건을 옮기게 하는 태스크를 한다. 그러면 로봇이 자신의 위치와 장애물들의 위치를 파악해서 스스로 경로를 계획한다. 그리고 시킨 대로 물건을 옮긴다. 움직임도 참 자연스럽다.

그런데 이것을 자세히 보면 벽이나 계단, 장애물, 옮기는 화물 등에 다 QR 코드가 붙어 있다. 시각적 정보를 처리하는 기술이 발전했다고는 하지만 기계가 눈앞에 있는 물체를 보고 구별하려면 너무나도 많은 정보가 입력되어야 한다. 인간의 직관을 쫓아가기에는 아직 너무나 부족한 것이다. 내가 지금 보고 있는 게 계단인지 벽인지 사람인지 자동차인지 인간은 너무 쉽게 알 수 있지만 기계한테는 이게 전대미문의 미스터리가 되는 것이다.

그래서 보스턴 다이내믹스 엔지니어들은 어려운 부분에 불필요하게 기술 투자를 해서 기계가 그것을 다 인지하게 만드는 대신 QR 코드를 붙인 것이다. 로봇한테 "이건 벽 넘버 231이야. 이건 계단 넘버 a5야. 이건 네가 옮겨야 하는 화물 abcdefg야"라고 지정을 해놓는 것이다.

보스턴 다이내믹스의 홈페이지에 들어가보면 QR 코드처럼 생긴 이것을 '피디슈얼fiducials'이라고 부른다. 보스턴 다이내믹스의 홈페이지에 있는 설명은 다음과 같다.

"피디슈얼은 QR 코드와 유사하게 특별히 설계된 이미지로 로봇이 내부 지도를 주변 세계와 일치시키는 데 사용합니다. 기준점은 도킹 스테이션을 식별하는 데 사용하며 자동 임무를 시작할 때 필요합니다."

QR 코드처럼 생긴 이 피디슈얼을 보고 로봇은 '아, 이게 벽이구나. 이게 계단이구나. 이게 내가 옮겨야 할 화물이구나. 여기서부터 저기까지 가야 하는구나'를 인식할 수 있다.

그런데 생각해보라. 계단 같은 경우에도 높이가 다 다르다. 이런 다양한 계단을 계단이라고 인지하는 것 자체가 기계한테는 너무 어려운 일이다. 예를 들어 원숭이 닮은 고양이가 있다면 인간은 보자마자 고양이라는 걸 안다. 그런데 기계는 원숭이를 닮은 고양이를 원숭이로 인식해야 할지, 고양이로 인식해야 할지, 개로 인식해야 할지, 아니면 사람으로 인식해야 할지 너무나도 어려운 것이다. 수십억, 수조 가지의 경우의 수가 나올 수 있다. 우리 인간의 얼굴만 봐도 60억 인구가 얼굴이 다 다르게 생겼는데, 이 사람들을 사람 이라고 판단하는 게 기계한테는 어려운 일이다.

이때 시맨틱 웹이 힘을 발휘하는 것이다. 그래서 나는 시맨틱 웹을 의미의 대사전이라고 부른다. 시맨틱 웹이 없 다면 인간의 눈에 버금가는 정교한 성능의 초고성능 로봇 눈을 가져야 할 것이고, 이 정보를 처리할 엄청난 연산장치 를 갖거나 그렇게 할 수 있는 클라우드 슈퍼컴퓨터와 실시 간으로 교신할 수 있는 초고속 통신망을 가져야 할 것이며, 이 정보를 바탕으로 굉장히 정교한 소프트웨어가 저것이 문인지 벽인지를 계산해야 할 것이다.

그런데 로봇의 알고리즘 안에 의미의 대사전이 있으면, 거기서 매칭하면 된다. 엄청난 연산이 필요한 문제들을 해 결하지 않아도 된다. 시맨틱 웹이 잘 작동하고 AI 로봇이 이 를 쉽게 참조할 수 있다면, 무엇이 어떤 개체인지 이미 잘 정의되어 있기 때문에 깊은 고민에 빠질 필요 없이 세상과 상호작용이 가능할 것이다.

시맨틱 웹은 왜 실패했는가?

그런데 시맨틱 웹은 실패하고 말았다. 웹 3.0 옹호론자들이 보면 화를 낼지도 모르겠지만, 실패한 건 실패한 것이다. 그럼 시맨틱 웹은 왜 실패했을까? 그 이유는 에스페란토어가 세계 공용어로 받아들여지지 않은 이유와 똑같다.

세상의 모든 것을 다 담은 의미의 대사전을 만들 수 있을까? 예를 들어 하늘에서 내리는 눈을 지칭하는 단어가 우리말에서는 '눈' 하나다. 그런데 에스키모인들이 '눈'을 부르는 단어는 열 개가 넘는다고 한다. 이처럼 언어마다 기준이 다르고 결과물도 다른데 그것을 하나로 다 모으기란 너무나도 힘든 것이다. 지난 5천 년간 다양한 언어가 발달해왔는데 전 세계 언어를 포괄적으로 담은 언어를 새롭게 만든다는 것이 사실상 불가능하다.

더구나 기계를 위한 언어라면 더 어려울 것이다. 예를 들어 의자를 생각해보라. 인간 기준에서는 그냥 가서 앉으면 의자다. '의자'라고 부르지만 그게 사실은 소파일 수도 있다. 의자라고 부르지만 그게 테이블일 수도 있다. 그리고 가구점에 가면 의자의 종류가 참 많다. 안락의자도 있고 사무실 의자도 있다. 또 물류 창고에서는 의자를 'SKU#123432524'라는 모델명으로 부를 수도 있다. 상황에 따라서 같은 역할을 하는 물체를 부르는 단어의 명칭이 달라지는 것이다.

예를 들어 "잠깐 의자에 앉아 있어"라고 했는데 책상 위에 앉는 경우도 있다. 아니면 "의자에 기대"라고 했는데 그게 식탁인 경우도 있다. 때에 따라서는 사람 위에 앉으면서 "나 의자에 앉는다"라고도 할 수 있다. 이런 맥락 속 언어를 사람은 완벽하게 이해하지만 기계한테 그 상황을 어떻게 다 설명할 것인가.

우리가 소통을 할 때는 어떤 의미를 표현하느냐도 중요하지만 어떤 의미가 생략되느냐도 아주 중요하다. 예를 들어 어떤 신호를 설명하면서 "야, 이렇게 깜빡깜빡하는 거 있잖아"라고 하면, 사람은 맥락에 따라 찰떡같이 알아들을 수 있다. 그런데 기계가 이걸 어떻게 이해하겠는가? 이는 인간의 언어를 아름답고 풍성하게 만들지만, 기계(와 공학자들) 입장에서는 정말 죽을 맛일 것이다.

이 외에도 기술 혁신의 과정을 이해하는 데 통찰을 줄 수 있는 굉장히 흥미로운 이유들이 존재하고, 지금 주제에도 충분히 관련 있지만, 너무 장황하고 복잡해지는 것을 막기 위해 줄인다. 사실 설명할 것도 없는 것이, 여러분이 만국 공용어를 만든다고 생각해보라. 도대체 어떻게 80억 인구 모두에게 적합한 언어를 만들 것인가? 어떤 이름이 이 동물의 가장 적합한 이름인지, 기준은 어떻게 정할 것인가? 혼자 다 만들 수는 없을 테니 굉장히 많은 사람의 노력을 모아야 할텐데, 그들이 대체 왜 이 일을 할 것인가? 돈을 쥐어준다고 한들, 그들이 과연 한 가지 합의를 도출할 수 있을까?

이런 상식적인 이유로 시맨틱 웹이 실패한 것이다. 물론 실패라고 해서 이 기술이 폐기 처분됐다는 건 아니다. 여기저기에서 시맨틱 웹이 다양한 용도로 응용되고 있다. 그리고 굉장히 유의미한 결과를 만들어내고도 있다. 하지만 범용 인공지능을 위한 학습 방식으로 응용되는 것을 달성하지는 못했다. 시맨틱 웹이 처음에 나왔던 목적을 달성하지는 못한 것이다.

그렇다면 기계는 이제 세상과 어떤 언어로 소통할 수 있을까? 세상과 소통하고, 인식할 언어가 없다면 말이 안 통하는데, 기계가 무엇을 누구로부터 어떻게 학습할 수 있을까?

머신러닝: 기계가 스스로 학습하게 하라

시맨틱 웹이 실패하자 그다음에 등장한 것이 머신러닝이다. 시맨틱 웹으로 범용 인공지능을 만들기는 어렵다는 걸 알게 된 후 '그럼 기계가 스스로 학습하게 하는 건 어떨까?' 하는 생각을 한 것이다. 인간이 모든 것을 하나하나 매칭하는 사전을 만들어주는 건 너무 어려우니까 인간의 가이드를 받기는 하되, 기계가 자체적으로 엄청나게 방대한 데이터를 소화하고, 그것에서 스스로 의미를 찾아낼 수 있게 알고리즘을 만들기로 했다.

이렇게 되면 사전 없이도 기계는 세상 속의 개체들을 파악하고 인지할 수 있게 되지 않겠는가. 그리고 심지어 기계 스스로 업데이트를 할 수도 있게 된다. 특정지어 있는 사전적 정의를 참고하게 하면 그 사전을 우리가 계속 업데이트 해줘야 하는 불편함이 있지만, 방대한 양의 데이터를 굉장한 연산 능력을 통해 빠르게 학습하고 방향성을 잡게 해주면 더 효율적일 것이다. 그게 바로 머신러닝이다.

이 대목에서 궁금할 것이다.

'왜 이전에는 머신러닝을 사용하지 않고 사전을 쓰려고 했을까?'

답은 하나다. 그 당시엔 불가능했기 때문이다. '에니악'을 기억하는가? 1946년에서 미국에서 만들어진 진공관을 이용한 컴퓨터다. 에니악은 너무 느려서 머신러닝을 할 수가 없었으며, 방대한 양의 데이터를 처리할 수 없었다. 머신러닝에 필요한 엄청난 연산 능력을 소화할 하드웨어 자체가 존재하지 않았던 것이다.

현대에 와서 머신러닝이 각광받는 가장 큰 이유는 컴퓨팅 기술이 발전했기 때문이다. 예전보다 훨씬 더 많은 정보를 훨씬 더 빠르게 처리할 수 있게 되니까 '아, 그러면 하나

하나 사전을 만들 필요 없이 그냥 데이터를 넣고 기계가 알아서 해결하게 하면 되겠구나'라는 생각에 이른 것이다.

그래서 2001년 진정한 시맨틱 웹의 의미로 웹 3.0의 개념이 처음 등장했다. 당시 최고의 슈퍼컴퓨터라고 불리던 게 일본 애니씨 사에서 만든 '어스 시뮬레이터'라는 것이었다. 그런데 지금 내 손에 있는 아이폰 15가 그것보다 410배 더 많은 초당 연산을 수행한다. 물론 어스 시뮬레이터는 특정한 목적을 가진 기술이므로 아이폰과 일대일로 비교하기는 어렵지만, 연상 능력만 보면 지금 내 손 안에 있는 스마트폰이 훨씬 뛰어나다.

또한 예전에는 데이터가 없었다. 2001년에만 해도 모든 사람이 데이터를 웹에 올릴 수 있는 환경이 아니었다. 지금 우리가 엄청나게 많은 데이터를 가진 이유는 분산화된 정보 저장 능력을 가지고 있기 때문이다. 한 사람이 책을 써서 도서관에다 저장하는 게 아니라 여러 PC 단말기에서 모든 사람이 정보를 써서 모은다. 그렇기 때문에 우리가 필요한 데이터가 확보되기 시작하는 것이다.

예를 들면, 오늘 아침에 나는 동부간선로를 타고 청담대

교를 건너가던 중에 네이게이션을 통해 강변북로에서 사고가 났다는 제보를 들었다. 예전에 이게 가능했을까? 아니다. 내가 어릴 때만 해도 아버지가 운전을 할 때 항상 교통방송을 들으면서 갔다. 어디서 무슨 사고가 났다, 어디가 막힌다는 등의 교통 정보를 듣기 위해서다.

지금은 네비게이션이 실시간으로 교통 정보를 알려주기도 하고 사람들이 SNS를 통해 제보해서 정보를 공유한다. 집단지성을 이용해서 실시간으로 정보가 업데이트되다 보니 엄청난 양의 데이터가 쌓인다. 시맨틱 웹은 기계에게 세상을 가르치는 그 당시로서는 가장 효과적인 방법이었지만, 이제는 머신러닝이 훨씬 더 효율적이고 효과적인 방법이 될 수 있다. 특히 2010년대에 들어오면서 알파고의 성공이 이쪽으로 돈을 몰리게 됐다. '머신러닝에 미래가 있구나'라고 해서 인류의 자원이 몰리기 시작하면서 머신러닝이 드디어 빛을 보게 되었다.

머신러닝의 한계, 양질의 데이터 공급

그런데 머신러닝이 만능일까? 그랬으면 우리가 컴퓨터랑 대화하고 있을 것이다. 내가 강의를 할 필요도 없을지 모른다. 컴퓨터가 가르쳐주면 되니까. 그런데 그럴 리 없다.

머신러닝에 있어서 가장 중요한 전제조건은 양질의 데이터세트를 공급하는 것이다. 1강에서 말했듯이 챗GPT를 써보면 한국어보다 영어로 질문할 때 더 정확한 답이 나올 때가 많다. 또한 영어로 질문하면 챗GPT가 뉘앙스까지 잘 캐치하는 데 비해 한국어는 그렇지 못하다. 한글로 질문하면 충분한 양의 데이터가 학습이 안 돼 있는 상황이라 이상한 대답을 할 때도 있다.

머신러닝을 통해서 AI를 가르친다는 게 결국 인간이 유의미한 통계 자료를 찾는 것과 똑같다. 우리가 구글에서 내가 원하는 정보를 찾는 것과 챗GPT한테 물어보는 것은 사실상 동일한 과정인 것이다. 다만 구글에서 검색했을 때는 그것을 내가 보면서 정보를 걸러내야 한다면 챗GPT는 그것까지 대신해준다. 이게 차이점이다.

그런데 문제는 쓰레기가 들어가면 쓰레기가 나온다 Trash in trash out는 것이다. 양질의 데이터세트가 없으면 결과도 좋을 수가 없다. 이것은 머신러닝도 마찬가지다. 또한 구글에서 검색을 하면 너무나도 많은 정보를 한꺼번에 다 갖고 온다. 정리가 잘 안 된다. 이것을 좀 내가 하는 말로 좀 정리해줬으면 좋겠다는 생각이 들지 않는가.

따라서 머신러닝을 위해서는 기계가 엉뚱한 결론으로 얻나가지 않도록 양질의 데이터가 필요하고, 이 때문에 아무 데이터나 마구잡이로 학습시키는 것이 아니라 특정한 분야와 관련 있는 데이터만 수집, 학습해야 한다.

그런데 이는 범용인공지능이 세상 만물을 학습할 수 있도록 만드는 목표와 어긋난다. 어떻게 하면 특정 분야(번호판 인식, 적정 재고 추정, 안면 인식 등)가 아닌 모든 데이터를 잘 인식할 수 있도록 학습시킬 수 있을까?

자연어 처리^{NLP}: 인간의 언어를 가르쳐라

정보는 결국 언어로 저장되어 있다. 그리고 이 정보는 인터넷을 통해 언제나 접근 가능하다. 구글이나 네이버에서 검색하면 된다. 문제는 그 언어들이 기계가 처리할 수 없는 인간의 언어로 되어 있다는 것이다. 그러다 보니까 인간이 다른 인간을 위해 인간의 언어로 작성한 정보를 기계가 이해하도록 '자연 언어(즉 인간 언어)'를 가르칠 필요가 있다. 그래야 머신러닝이 가능해지니까 말이다.

이 과정에서 우리는 잘 모르지만 복잡하고 심오한 공정과 첨단 기술이 들어간다. 그것에 대해서는 몰라도 된다. 그건 AI나 머신러닝이나 자연어 처리를 연구하는 전문가들이 할 일이다. 기계에게 어떻게 학습시키고 어떤 기술을 쓰느냐는 사실상 우리가 이해할 수도 없다. 그걸 이해하면 벌써 전공으로 삼았을 것이다.

그런데 우리 인간은 언어를 연역적으로 배우지 않는다. 우리는 아기 때부터 가만히 앉아서 남의 말을 들으면서 귀납적으로 언어를 배운다. (일정한 언어를 배움으로써 우리는 스스로 그 안에서 규칙을 발견한다.) 기계한테 언어를 가르칠 때도 마찬가지다. 연역적으로 가르치는 게 아니라 귀납적으로 언어와 세상을 학습하게 만드는 가장 중요한 메커니즘이 자연어 처리다. 즉 세상에 존재하는 언어로 된 모든 정보를 기계가 이해할 수 있게 만들어주는 것이다.

바로 그것을 우리가 챗GPT를 통해 목격하고 있는 것이다. 챗GPT는 현재 자연어 처리 기술의 정점에 있다. 실제로 챗GPT에게 질문을 하면 사람처럼 정리를 해서 이야기해준다. 물론 좀 어색하기는 하다. 앞서 말했지만 번호를 매겨서 정리하는 패턴에 따른다. 그건 아직 인간의 언어에 자신이 없다는 방증이기도 하다. 그렇게 말해야 제일 자연스러워 보이니까 알고리즘을 그렇게 짜놓았을 것이다. 물론 더 진보한 자연어 처리 기술이 있을 수도 있고 챗GPT와 우열을 가리기 힘든 기술이 있을 수 있다. 다만 이 기술에서는 말하는 구조뿐 아니라 어떤 데이터세트가 적용되었는지가 중요하다.

빠른 속도로 써 내려가는 범용 인공지능의 해법

기술에 대한 이야기를 상식선에서 설명하려다 보니, 많은 예시를 들고 다양한 이야기를 할 수밖에 없었다. 맥락을 설명하기 위해 지금까지 우리는 GPT라는 풀이는 범용 인공지능이라는 답을 완성하기 위한 것이라는걸 알았고, 그 풀이에 왜 도달했는지 배웠다.

우리는 범용 인공지능을 원한다. 범용 인공지능은 특수한 분야에서만 인간을 능가할 것이 아니라 굉장히 일상적이고 다양한 분야에서 기능할 수 있어야 한다. 특수한 분야에서만 인간을 능가하는 게 아니라 우리 일상에서 항상 대화할 수 있는, 〈아이언맨〉에 나오는 자비스 같은 인공지능 말이다. 이러한 인공지능을 우리는 범용 인공지능이라고 부른다.

그런 인공지능이 있으면 얼마나 편하겠는가. 인간처럼 사고할 수 있는 기계인데 정보 처리를 우리보다 훨씬 빨리 할 수 있다! 우리 삶에 엄청나게 큰 도움이 되지 않겠는가. 아이언맨도 자비스한테 모든 분석을 맡겨버린다. 골프장에

캐디가 있는 것과 마찬가지다. 골프를 치면서 "몇 미터 남았어요?", "어떻게 쳐야 해요?" 하면서 물어볼 수 있고 도움을 받을 수 있다. 이런 시스템이 있으면 우리 삶이 아주 윤택해지는 건 당연하다.

그러려면 인공지능이 굉장히 일상적이고 다양한 분야에서 기능을 할 수 있어야 하는데, 문제는 인공지능에게 세상의 모든 것을 한 줄 한 줄 코딩하는 건 불가능하다는 것이다. 그러다 보니까 기계가 스스로 세상을 학습하도록 해야 한다. 여기서 인류는 난항을 겪는다. 기계가 세상을 인지할 수 있도록 해야 하는데, 그 첫 시도가 시맨틱 웹이었다. 시맨틱 웹은 의미의 대사전이고 범용 인공지능의 실현이라는 난제를 풀기 위한 첫 번째 시도였다.

이 시도에서 우리는 '여기에 들어가는 노력은 우리가 기울일 수 있는 정도의 노력이 아니구나'라는 것을 이해하게 된다. 그래서 시맨틱 웹을 꾸려주는 대신 기계가 직접 학습하도록 하는 방법을 고안하기 시작했다. 그러려면 기계가 인간의 언어로 표현된 정보를 처리할 수 있도록 만들어줘야 하는데, 바로 머신러닝을 통해 그 방법을 기계에게 가르쳐주었다.

지금의 챗GPT는 범용 인공지능이라는 난제를 풀기 위해 내놓은 해법이다. 챗GPT는 인간의 언어로 대화를 할 수 있고 빠르게 정보를 처리할 수 있으니 범용 인공지능에 한 걸음 더 다가갈 수 있겠다고 생각할 수 있다.

언어를 배운 '기계 어린아이'는 무엇을 더 할 수 있을까?

여기까지 이해했다면 챗GPT의 한계도 자연스럽게 이해가 될 것이다. 챗GPT의 가장 혁신적이고 가장 놀라운 점은 우리가 한 질문에 대해서 척척 대답해주는 게 아니다. 기계가 인간의 언어로 말하는 게 놀라운 게 아니라, 인간의 말을 내뱉기 위해서 웹상에 있는 인간의 언어를 기계가 소화하고 처리하는 역량을 갖췄다는 게 혁신이다. 적어도 챗GPT는 인간의 언어로 된 정보를 습득하고 소화하는 역량을 가지게 된 것이다.

챗GPT 이전에 그 어떤 AI도 그렇게 하지는 못했다. 머신러닝의 기술이 발전하고 우리가 처리할 수 있는 데이터의 양이 늘어나고 양질의 데이터가 공급되면서 이게 가능해진 것이다. 이것이 챗GPT의 혁신적인 측면이지, 챗GPT가 우리의 미래를 다 바꿔놓을 것이기 때문에 혁신적이라고 하는 게 아니다.

이미 1970년대에 AI에 대한 기대감이 극에 달했었다. 그러다 기술이 더디게 진척되면서 실망감을 안겨줬던 적도 있다.

그렇다 보니 챗GPT를 보면 '기계가 드디어 세상을 배우는 법을 깨우쳤나?'라는 기대를 품을 수밖에 없다.

'기계가 드디어 세상을 배우는 법을 깨우쳤나?'

챗GPT는 너무나 잘 배우고 있기 때문이다. 기계가 언어로 된 정보를 학습하는 능력을 이 정도로 깨우쳤으니 '인간이 답변해주는 것 같다', '모르는 게 없다'라고 생각할 수 있다. 현상 이상의 함의를 가지게 되는 것이다.

기계는 인간과는 비교도 할 수 없을 정도로 뛰어난 연산 능력과 정보 처리 역량을 가지고 있다. 이러한 기계의 능력은 인간이 기계를 절대 못 쫓아가는 기계의 강점이다. 실시간으로 정보를 분석해내고 분류해내고 연산해내는 능력은 기계가 인간보다 훨씬 뛰어난데, 이제 그 기계가 말까지 하기 시작한 것이다.

이제 언어를 배웠으니, 다음엔 무엇을 더 배울 수 있을까? 괜히 드라마틱한 표현을 쓰고 싶지는 않지만, 그럼에도 이렇게 표현할 수 있을 것이다.

"인간과 비교도 될 수 없을 정도의 연산 능력과 정보 접근성을 가진 '기계 어린아이'가 드디어 말을 떼기 시작했다. 이제 무엇을 더 배우려 하고, 궁금해할까?"

Dark Mode

Updates

Log out

☒

PART 4

새로운 미래 세상에서 살아남기 위한 생존 전략

챗GPT가 가져올 경제적 변화와 가상세계

↻ Regenerate response

>>>

기술의 발전을 막을 수는 없다. 일자리가 줄어드는 게 무서워서 기술을 발전하지 못하게 할 수는 없는 것이다. 기술의 발전은 필연적이다. 기존 업무가 대체됨에 따른 노동 수요의 감소는 막을 수가 없다는 이야기다. 이것을 전제로 하면 우리가 고민할 것은 결국 '어떻게 성장할 것인가' 하는 문제다.

챗GPT가 가져올 변화

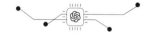

이전에는 존재하지 않았던 혁신

지금까지 우리는 기술의 혁신을 어떻게 바라봐야 하는지, 그리고 어떤 의미를 가지고 있는지 인류의 역사에 비춰 이야기해보았다. 또한 기술이 어떻게 변화해왔고 그것의 목적은 무엇인지에 대해 이야기했다. 여기까지 긴 이야기를 들은 여러분은 이런 의문이 들지도 모르겠다.

'그래서 그게 내 삶과 무슨 상관이란 말인가?'

우리 입장에서는 기술이 어떻건, 시맨틱 웹을 쓰든 머신러닝을 쓰든, 자연어 처리가 어떻게 되든, 범용 인공지능이 어떻든, 내 삶에 어떤 변화를 줄지, 또 어떤 비즈니스 기회를 가져올지가 가장 궁금하다. 그리고 도대체 내가 새 기술에 어떻게 적응해야 되는지에 대한 문제가 사실은 더 중요한 문제 아니겠는가. 우리는 기술자가 아니니까 말이다.

내가 지속적으로 관점에 관해 이야기하는 이유는 챗GPT를 마치 궁극의 AI 기술처럼 대하는 경향이 있기 때문이다. 현재로서는 챗GPT가 가장 발전한 기술이라고 볼 수도 있겠지만 마치 우리가 원하는 범용 인공지능이 나온 것처럼 말하는 경우도 많이 본다. 사실은 그렇지 않다는 것을 이제 이해할 것이다.

물론 챗GPT는 엄청난 혁신이다. 인간의 언어를 제대로 구사할 수 있는 AI 자체가 이제까지 존재하지 않았기 때문이다. 그런 맥락에서 엄청난 혁신은 맞지만, 챗GPT가 인류의 목적을 달성한 건 아니다. 챗GPT는 단지 학습을 바탕으로 인간의 언어를 하는 거대 연산 모델 기계다. 그렇기 때문에 챗GPT가 모든 문제를 해결해줄 수는 없다. 챗GPT는 스스로 생각하지 않는다. 세상에 이미 존재하는 정보만 취합해줄 뿐 새로운 정보를 절대 만들어낼 수 없다. 왜냐하면 정보를 만들어내는 기능 자체를 탑재하지 않았기 때문이다.

그저 있는 정보를 학습해서 구조화시켜서 알려주는 역할을 하는 기계가 마치 새로운 것을 만드는 것처럼 이야기하는 것은 거짓말이 된다. 챗GPT가 마치 세상을 능동적으로 바꿔 나갈 것처럼 이야기하는 것은 최소한 향후 2~3년간은 거짓말이 될 수밖에 없다. 챗GPT는 능동적으로 뭔가를 바꾸려는 목적을 가지지 않은 알고리즘이기 때문이다. 스스로 진화해서 마치 〈매트릭스〉에서 나오는 알고리즘, AI처럼 인류를 지배하거나 할 일은 없다. 인간이 시킨 일은 잘할 것이고, 시키지 않은 일은 당연히 못 할 것이다.

한정된 범위와 가까운 미래의 변화

이 기술에는 분명 한계가 존재한다. 우선 챗GPT는 있는 정보를 가공해서 우리에게 2차 가공물을 주는 역할을 하는 알고리즘이다. 그래서 챗GPT가 주는 모든 정보는 어느 순간 저작권에 걸릴 수밖에 없다. 그 저작권이 법적으로 보장되지 않으면 불법은 아니지만 다른 누군가가 만든 자료라는 것이다.

챗GPT는 사람의 마음을 읽을 수도 없다. 당연히 맥락을 이해할 수도 없다. 눈치가 있지도 않다. 이 모든 특성을 합쳐보면 우리는 이런 결론에 다다를 수밖에 없다.

'챗GPT는 변화를 주도할 역량이 없다.'

챗GPT는 변화를 주도할 이유도 없다. 변화는 인간이 주도한다. 챗GPT를 어떻게 쓰느냐에 따라 사회가 변화할 것이다. 기술은 가치 중립적이라는 이야기를 여기서 다시 한 번 생각하게 된다.

이런 이야기를 하는 이유는 오해가 없길 바라기 때문이다. 지금부터 논의할 챗GPT가 가져올 변화라는 것은 이 정도 수준의 변화라는 것이다. 여기까지 선을 그어놓고, 이 범위 안에서 챗GPT가 어떻게 활용되고 우리 사회에 어떤 변화를 가져올지를 이야기해보려고 한다.

블록체인 이야기를 다시 안 할 수 없다. 비교적 최근에 나온 혁신적인 기술이라고 하면 누구나 블록체인을 떠올릴 것이기 때문이다. 블록체인이 처음 나왔을 때 30년 뒤의 미래를 외치던 사람이 많았다. "30년 뒤에 미래를 보자. 인류를 혁신할 만한 기술이다"라고 했다.

그러나 30년 뒤의 미래를 누가 볼 수 있을까? 100년 만에 한 번 나올까 말까 하는 영웅들이나 30년, 50년 대계를 준비하지 않을까. 아니면 앨빈 토플러 같은 미래학자들은 30년 뒤에 미래를 고민할지 모르겠다. 나같이 평범한 사람들은 30년 뒤를 생각하지 않는다. 의미도 없고 모르기 때문이다. 30년은 무슨, 3년 뒤의 미래도 모르겠다.

2022년 3월인 현재 우리가 챗GPT에 대해서 이야기할 거라고 예상한 사람이 있는가? 불과 얼마 전만 해도 "NFT가 우리의 미래다"라고 했다. 2019년 3월 블록체인에 대해서 이야기할 때 4년 뒤에 우리가 챗GPT에 대해 이야기할 거라고 상상이나 했을까. 내가 2022년에 NFT 이야기할 때 다음 해에 챗GPT에 대해 이야기할 줄은 꿈에도 몰랐다.

인정하자. 우리는 가까운 미래인 3~5년 후도 예측하기 어렵다. 그러니까 3~5년 후 챗GPT라는 기술이 어떻게 우리 사회에 적용돼서 변화를 일으킬지에 대해 이야기하는 것만으로도 버겁다. 2024년 3월 혹은 2025년 3월에 챗GPT를 보는 우리의 시각이 어떨까에 대해서 한번쯤 고민해볼 필요는 있겠지만, 2070년 3월에 우리가 챗GPT를 어떻게 보고 있을지 고민하는 것은 무의미하다.

범용 인공지능 기술의 세 가지 특징

챗GPT를 비롯한 범용 인공지능 기술의 특징은 범용성, 간접성, 시너지, 이렇게 세 가지로 설명할 수 있다. 세 특성에 대해 좀 더 자세히 알아보자.

범용성

우선 챗GPT가 가져올 변화의 가장 중심에 있는 건 범용성이다. 당연히 범용 인공지능을 추구하는 기술이기 때문에 범용성이 제일 중요하다. 기술의 발전에 따른 산업 형성과 성장은 규모의 경제, 비용 절감, 효율적 재투자의 과정으로 바라봐야 한다. 이게 경제학자가 바라보는 기술의 발전이다.

사회과학자들이 이런 관점을 견지할 수밖에 없는 게, 결국 우리가 가진 자원에는 한계가 있기 때문이다. 그 한정된 자원을 어디서 빼서 어디에 배분하고 어디에 투자할 것인지가 문제다.

예를 들어 산업혁명을 통해 공장들이 만들어지고 방직 기술이 만들어졌다. 이런 과정에서 인류가 경제적으로 겪은 변화는 방직이라는 기술에 의해 옷이 새로 만들어진 게 핵심이 아니라, 우리의 에너지를 절약했다는 것이다. 이제는 옷 같은 것을 만들 때 들어가는 노동력이 줄어드는 것이다.

그러면 유휴 노동력을 다른 곳에 재투자할 수 있게 된다. 즉 규모의 경제가 일어나면서 더 큰 스케일로 생산을 하게 되므로 비용이 절감된다. 비용이 절감되므로 더 효율적으로 재투자를 하는 과정에서 경제가 더 커진다. 즉 물질적인 풍요를 가져오는 것이다.

자동차 산업의 경우도 마찬가지다. 컨베이어벨트가 개발되어서 자동차를 만드는 품이 덜 들어가게 되고 인력을 아낄 수 있게 된다. 그러면 그 인력을 다른 데 투자할 수 있다.

이처럼 규모의 경제에 의한 비용 절감을 통해서 효율적인 재투자가 일어나서 경제가 팽창하는 과정이 바로 기술의 발전이 인류에게 내리는 축복인 것이다.

규모의 경제가 일어나서, 혹은 생산의 효율화로 인해 비용이 절감돼서 우리가 자원을 아낄 수 있다는 관점에서 기술의 발전과 챗GPT를 바라보자. 챗GPT는 인간의 언어로 있는 정보를 전달해주는 효율적인 메커니즘이라고 했다. 그러면 상식적인 수준에서 생각할 수 있는 변화는 뭘까? 그건 바로 정보 검색의 효율화다.

챗GPT를 이용해서 제일 쉽게 할 수 있는 게 무엇인가? 내가 예전에 일일이 찾아서 정리해야 했던 자료를 "이거 정리해줘"라고 말하면 정리해준다. 그게 우리가 생각할 수 있는 가장 원초적이고 직접적인 챗GPT의 영향이다. 모든 산업은 사실상 정보 검색을 다 이용하고 있으니 모든 산업에 다 영향을 미칠 수 있다. 정보 검색의 비용을 낮춰서 남는 자원을 다른 곳에 쓸 수 있다. 아랫사람에게 시킬 일을 챗 GPT에게 시킬 수 있게 되고, 그러면 아랫사람은 할 일이 줄 었으니 다른 일을 할 수 있다.

특히 정보통신 산업, 지식 산업, 교육 산업 등은 가장 직 접적으로 챗GPT의 수혜를 받을 수 있을 것이다. 생산성이 향상될 것이다. 간접적으로는 법률 분야나 R&D 산업, 보험, 금융, 게임, 세일즈 등 거의 모든 분야에서 정보를 검색하는 일이 효율화될 것이다.

이것이 내가 생각하는 챗GPT가 산업에 미칠 첫 번째 특 성, 바로 범용성이다. 네이버나 구글이 검색을 체계화시켜 서 효율적인 검색을 할 수 있게 했을 때 사실상 모든 산업이 재편됐다. 그것과 마찬가지라고 본다. 검색이 쉬워지고 효 율화가 되기 때문에 사실상 정보가 필요한 모든 산업은 여 기에 맞춰서 재편될 것이다. 직접적으로 영향을 받을 수 있 지만 간접적인 영향이 더 클 것이다.

간접성

두 번째 특성은 간접성이다. 정보 검색과 관리의 효율화는 생산성 향상을 가져온다. 생산성이 향상되면 산업이 효율화된다. 생산성 향상은 비용 절감과 잉여 자원의 재투자를 촉발하므로 경제와 산업의 팽창으로 이어지는 것이다. 이런 경제적 팽창이 가장 중요하게 눈여겨봐야 할 점이다.

인류는 계속해서 혁신을 통한 성장을 외쳐왔지만 그래서 경제 성장을 이뤘을까? 블록체인 산업은 사실상 우리에게 가져다준 게 없다. 우리는 경제 성장을 하지 않았다. 그동안 우리가 원했던 혁신을 통한 경제 성장이 사실상 불가능했다. 이는 성장률을 보면 알 수 있다. 지나고 나서 보니 알 수 있지 않은가. 기술 혁신을 통한 성장이라는 게 얼마나 헛된 말이었는지 이제는 알 수 있다.

심지어 챗GPT는 성장을 위해 만들어진 기술이 아니다. 하지만 비용 절감을 통해서 성장을 가져올 수 있다는 장점이 있는 것이다. 왜 그럴까? 에너지와 자원과 노동력과 자본을 절감할 수 있기 때문이다. 이것이 바로 간접성이다. 챗GPT 자체가 경제를 성장시키는 게 아니라 이 챗GPT가 다른 산업의 효율화를 가져와서, 비용을 줄여줘서 경제 성장을 이룰 수도 있는 것이다.

시너지

그리고 여기서 당연히 시너지가 나올 수밖에 없을 것이다. GPT의 약자 'General Purpose Technology'를 글자 그대로 해석하면 '일반 목적의 기술'이라는 뜻이다. 특정 목적을 가진 기술이 아니라는 것이다. 여기에 'chat(대화하다)'을 붙인 챗GPT는 단지 검색을 효율화하고 인간과 소통을 잘할 수 있게 만들어놓은 알고리즘이라는 말이다.

그런데 인간이 사용하는 언어로 소통을 시키기 위한 보편적 목적을 가진 기술이다 보니, 다른 산업과 함께 사용될 수밖에 없다는 뜻도 된다. 기계가 인간의 언어를 해야만 하는 모든 산업에 적용돼서 시너지를 일으킬 수 있는 것이다. 결국에는 다른 기술과 합쳐졌을 때 더 강력한 영향력을 갖게 되는게 바로 챗GPT다.

그러면 '머신 챗GPT'가 나올 수도 있고 '오퍼레이팅 챗GPT'가 나올 수도 있으며 '밀리터리 챗GPT'가 나올 수도 있다. 정말 수많은 종류의 학습형 거대 언어 모델이 만들어질 수 있는 것이다. 이게 바로 시너지다.

사실 범용성, 간접성, 시너지는 하나다. 결국에는 셋을

다 같은 맥락에서 생각해볼 수 있다. 챗GPT는 그 자체로도 기술의 혁신일 수 있으나 우리 사회에 미치는 영향은 산업별로 다 다른 특성을 가질 것이다. 그 산업에서 기계가 인간의 언어를 이해해서 학습할 때 어떤 변화가 일어날 것이냐를 보면 되는 것이다.

챗GPT가 엄청나게 특별한 기술이라기보다는, 이를테면 컨베이어벨트를 관리하는 기계가 인간의 언어를 배울 수 있고 인간의 언어를 사용할 수 있게 된 것이다. 그렇다고 해서 이 기계가 컨베이어벨트를 더 잘 관리할까? 그럴 수도 있고 아닐 수도 있다. 그러나 어떤 상황을 인간에게 인지시키는 능력은 훨씬 더 빠르고 정확해질 것이다. 바로 거기서 효율성이 일어난다. 다시 말해 인간과 소통하고 대규모 데이터를 처리하는 과정에서 효율성이 발생하는 것이다. 또한 인간이 이 과정을 더 잘 이해할 수 있게 된다.

그러면 챗GPT로 인해 그 아랫단에 있는 기술의 혁신이 더 빠르게 일어날 수 있다. 이제 인간이 이 알고리즘을 더 잘 이해하게 되었기 때문이다. 이것이 앞으로 우리에게 간접적인 영향을 미칠 확률이 아주 높다.

2

교육의 사례로 본 챗GPT의 영향

거대 언어 모델의 잠재력

앞서 챗GPT가 직접적으로 영향을 주는 분야로 교육이나 출판 산업을 들었다. 나도 교육 산업에 종사하고 있지만 교육 산업에서는 인공지능의 영향에 대한 우려가 있다. '설마 내 직업이 사라지겠어?'라고 생각은 하지만 인공지능이 많은 일을 앗아갈 것이라는 두려움도 있다.

누군가를 가르칠 때는 사실 남의 자료를 가장 많이 본다. 내가 하는 연구를 학생들한테 가르치진 않는다. 표준화된 커리큘럼을 가르치는 경우가 많기 때문이다. 그런데 이런 건 챗GPT가 훨씬 더 잘할 수 있다. 시험 문제를 풀게 해도 챗GPT가 나보다 더 잘 풀 것이다. 나는 내 전공만 알기 때문이다. 그러다 보니까 교육 산업은 챗GPT에 직접적인 영향을 받을 것이다.

또한 대학에서는 보고서 대필 같은 문제로 고민이 많다. 학생들이 챗GPT로 보고서나 리포트를 써서 제출하면 어떻게 해야 할까? 이것은 교수가 채점할 수 있는 영역을 벗어난다. 일일이 다 대조해볼 수 없기 때문이다. 결과물만 놓고 봤을 때 학생이 쓴 건지 컴퓨터가 쓴 건지를 알 방법이 우리에게는 없는 것이다.

그러나 교육에서 챗GPT와 같은 거대 언어 모델은 사실상 그 잠재적 응용방식이 무한대라고 볼 수 있다. 이러한 모델을 활용해서 초등, 중등, 고등 및 전문 개발을 포함한 모든 교육 수준의 개인에게 학습 및 교육 경험을 향상시키는 기회가 제공될 수 있다. 조금 더 자세히 초등, 중등, 대학, 성인으로 좀 나눠서 챗GPT가 줄 변화에 대해 이야기해보도록 하자.

반복 교육이 중요한 초등 교육에서의 역할

초등교육 같은 경우는 아마도 가장 직관적이고 수월하게 챗GPT 적용할 수 있는 분야일 것이다. 그리고 초등 과정에 있어서 챗GPT의 활용은 엄청나게 큰 도움이 될 수 있다. 교육의 구성이 단순하면 단순할수록 챗GPT에게서 더 많은 도움을 받을 수 있기 때문이다.

예를 들면 거대 언어 모델 자체가 읽기, 쓰기, 문법, 교정 같은 데 쓰일 수 있다. 그러니까 사람이 해야 할 일을 기계가 즉각적으로 해줄 수 있다는 장점이 있다. 여기서 한걸음 더 나아가서, 쓰기 스타일이나 비판적 사고 기술 개발에도 도움이 될 수 있다. 챗GPT가 인간과 소통하는 그 구성 자체가 이미 구조적인 사고를 보여주고 있기 때문이다.

앞에서도 봤지만 챗GPT에게 뭔가를 물어보면 항상 서론, 본론, 결론이 뚜렷한 문장으로 답을 해준다. 알고리즘 자체를 그렇게 만들었기 때문이다. 그런데 아직 어린 아이들은 귀납적 방법으로 언어를 학습했기 때문에 연역적으로 학습하는 능력은 부족하다. 이때 챗GPT를 이용하면 위에서부터 아래로 생각하는 방식, 즉 연역적 사고법을 가르쳐 줄 수 있다. 구조적으로 사고하는 방식을 아이들에게 자연스럽게 학습시킬 수 있는 것이다.

GPT 같은 거대 언어 모델은 학생들이 읽고 쓰는 내용에 대해 비판적으로 생각하고 제시된 정보를 분석하고 해석하도록 격려하는 질문들을 던질 수도 있다. 어린 학생들에게 복잡한 텍스트에 대한 요약과 설명을 제공해서 읽기와 이해력 개발에 도움이 될 수 있고, 이를 통해 자료를 더 쉽게 읽고 이해할 수 있도록 해준다.

초등 교육 같은 경우에는 반복 학습이 많다. 이 나이대의 교육 특성상 그럴 수밖에 없다. 그렇다 보니 인간의 언어를 이용한 AI가 적극적으로 활용될 수 있는 부분이 무척 많다. 인간의 언어를 이용한 AI의 적극적인 활용은 교육 현장의 노동 강도를 낮춰줄 수 있다. 이게 내가 말하는 효율성이다.

그러면 선생님들은 아이에게 더 집중할 수 있을 것이다. 아이의 교육이 챗GPT로 인해서 많은 부분이 해소되고 비용이 떨어지면, 선생님들은 인성교육 등 더욱 본질적인 교육에 집중할 수 있게 되는 장점이 있다. 그래서 초등 교육 같은 경우에는 챗GPT가 할 수 있는 일이 많아질 것이다.

여기서 유일한 단점은 아이들이 선생님의 입을 보지 못한다는 것이다. 우리가 코로나 팬데믹 때 똑같은 일을 겪었다. 선생님이 마스크를 쓰고 있어서 선생님이 말을 할 때 아이들이 입을 볼 수가 없고, 그래서 발음이 부정확해진다는 말이 있었다. 챗GPT 같은 경우 사람이 아니다 보니까 그런 부분이 부족하다. 그러나 아이들이 텍스트를 읽을 수 있고 이해할 수 있는 시점이 된 후부터는 챗GPT가 아주 좋은 보조 학습 도구가 될 수 있다.

응용된 고급 단계에서의 반복 학습

중고등학교의 경우에는 조금 맥락이 다르다. 중고생의 경우 GPT와 같은 거대 언어 모델은 단순 반복교육에서 벗어나 수학, 과학, 인문학, 언어, 문학 과목과 같은 다양한 과목과 주제에 대한 언어와 작문 스타일을 학습하는 데 도움이 될 수 있다. 그러면 당연히 학생들이 시간을 아낄 수 있을 것이다.

그리고 인간의 언어를 사용하는 인공지능을 이용해서 연습 문제나 퀴즈를 생성하는 데도 사용할 수 있다. 내가 문제를 실시간으로 풀면서 뭘 모르는지를 챗GPT가 판단하는 것이다.

그런 알고리즘은 당연히 그 안에 탑재되어 있다. 이게 머신러닝인데 그렇게 되면 내가 모르는 문제들을 계속해서 제공할 수 있다. 이를 통해 학생들은 학습 중인 자료를 더 잘 이해하고 상황에 맞게 이해하고 유지할 수 있다.

공부를 할 때 오답 노트를 만들어봤을 것이다. 오답 노트를 만들려면 우리는 수많은 문제를 풀면서 내가 모르는 문제를 따로 기록해둬야 하는데, 그것을 챗GPT가 대신 정리를 해줄 수도 있다. 그러면 학생들은 학습 중인 자료를 더 잘 이해하고 자신의 교육 수준을 유지하며 성장할 수 있게 된다.

그리고 인간의 언어 구사력 측면에서 챗GPT라는 거대 언어 모델이 정교해지면 정교해질수록 훨씬 더 인간과 유사한 언어를 구사하게 될 것이다. 그렇게 되면 중고등학생들한테 설명을 해준다거나 단계별 솔루션을 제공하거나 문제에 대해서 흥미로운 질문을 제공하는 역할도 해줄 수 있다. 선생님들이 할 역할을 챗GPT가 할 수 있는 것이다. 그러면 문제 해결을 하는 기술적 측면의 개발에도 도움이 될 수 있고, 어떻게 보면 응용된 고급 단계의 반복 학습이라고 볼 수 있다.

결국에는 초등 과정과 중고등 과정이 같은 맥락에 있다. 현상은 다를지 모르나 반복 학습을 대신 감독해줄 수 있다는 장점은 같다. 반복 학습이 분석적이고 독창적인 사고의 시작이라는 점을 감안하면 챗GPT 같은 거대 언어 모델이 현재 주입식 교육의 한계를 극복하는 데도 도움이 될 수 있다. 지금은 교사들이 반복적으로 가르쳐야만 하는데, 그걸 챗GPT가 대신해주게 된다면 교사들에게는 더 많은 것을 할 수 있는 여유가 생기기 때문이다.

초등학교와 고등학교 과정 같은 경우에는 챗GPT가 크게 도움이 되는데, 대학 과정부터는 조금 애매해지기 시작한다. 대학생의 경우에는 연구나 작문이나 작업을 할 때, 혹은 비판적 사고와 문제 해결 기술 개발에 거대 언어 모델이 도움이 될 수 있다. 그리고 이 부분이 현재 가장 많이 부각되고 있는 것 같다.

챗GPT를 활용해서 콘텐츠를 요약하고 개요를 생성할 수도 있다. 학생들이 엄청나게 많은 자료를 가지고 있는데 챗GPT가 이것을 요약해줄 수 있는 것이다. 게다가 그런 일을 순식간에 해낸다. 그러면 학생들이 텍스트의 요점을 빠르게 이해하고 생각을 정리하는 데 더 많은 시간과 자원을 할애할 수 있게 된다.

게다가 인간의 인지 능력으로 검색의 한계에 다다른 주제들에 대해 더 방대한 정보와 자원을 많이, 그것도 빠르게 제공해줄 수 있다.

지금 우리는 구글이나 네이버를 통해서 우리가 검색할 수 있는 역량이 분산화돼서 자료를 올리는 속도를 쫓아가지 못하고 있다. 그러다 보니까 우리가 놓치는 정보가 너무 많다. 이런 현상을 우리는 '정보의 홍수'라고 부른다. 이런 부분에 있어 방대한 자료를 이해하는 데 도움이 될 것이다. 그리고 이로 인해 인간은 효율성을 추구할 수 있게 될 것이다.

원격 학습에서의 역할

성인 교육 같은 경우에는 그룹 토론이나 원격 학습에 챗GPT가 아주 큰 영향을 줄 것이라고 예상할 수 있다. 학생들한테 토론의 구조, 실시간 피드백 혹은 맞춤형 지침 같은 것을 제공해서 토론을 촉진하는 데 챗GPT를 사용할 수 있다.

이러한 방식이 사실은 우리가 성인 교육에 있어서 정말 필요한 부분이라고 이야기는 많이 하는데 쉽지가 않다. 특히나 성인들 대상으로 교육을 할 때 강사가 이런 보조적인 역할을 하는 게 너무나도 어렵다. 그런데 챗GPT 같은 경우에는 학생들의 참여를 향상시키는 방법을 자동으로 강구해 주기 때문에, 이런 부분에서 도움이 되는 부분이 있을 것이다. 또한 프로젝트 같은 것을 공동으로 작업할 때도 챗GPT가 도움이 될 수 있다.

사실 성인 교육에서 챗GPT의 영향은 약한 편이다. 초등에서 대학 과정까지는 너무나도 직관적으로 도움이 된다는 걸 알 수 있지만, 성인 교육 과정에서는 "이런 것도 할 수 있습니다!" 정도의 느낌이다. 결국 챗GPT는 맞춤형 반복 학습에 굉장히 강한 역량을 가지고 있다.

개인이 스스로 학습하는 데 챗GPT 같은 대규모 언어 모델을 사용하면 맞춤형 학습을 경험할 수 있다. 학생이 작성한 문장들이나 해답을 챗GPT를 활용해서 분석하고 맞춤형 피드백을 해줄 수 있기 때문이다. 학생의 특정 학습 요구에 맞는 자료를 챗GPT가 제안해줄 수 있는 것이다. 마치 유튜브나 넷플릭스에서 알고리즘을 이용해 영상을 추천하듯 "너의 답을 보니까 넌 이런 걸 모르는구나. 그럼 이런 걸 공부해봐"라고 제안해주는 것이다. 이는 기본적으로 머신러닝을 적용하는 건데, 이런 지원을 통해 학습자는 자신에게 맞는 콘텐츠를 찾는 시간과 노력을 절약할 수 있다.

과외 학습에서도 비슷한 맥락으로 챗GPT를 활용할 수 있다. 기존에는 사람이 붙어서 과외를 해야 했다면 이제부터는 챗GPT가 붙어서 과외를 해주는 것이다. 이처럼 머신러닝을 기반으로 맞춤형 정보와 솔루션이 계속해서 업데이트되면서 제공되므로 더 이상 사람이 이런 일을 할 필요가 없어진다.

언어 학습도 마찬가지다. 언어 학습을 위해 교사가 해야 할 일이 아주 많다. 특히 유치원이나 초등 교육에서는 가장 중요한 문구들을 반복적으로 강조해줘야 한다. 또 빠르게 요약하고 번역해줘야 한다. 여기서 번역이라는 건 외국어 번역을 말하는 게 아니다. 우리나라 말이어도 아이들이 이해할 수 있는 언어로 번역해줘야 한다. 그리고 문법과 어휘를 실시간으로 설명해줘야 한다. 또 각 학생에게 적합한 글쓰기 스타일을 계속해서 제안해줘야 한다.

이 모든 것이 챗GPT가 할 수 있는 일들이다. 여러 학생의 학습 데이터를 기반으로 러닝을 해놓으면 챗GPT가 특정 학생의 현상을 보고 보조적인 역할을 해줄 수 있다. 이런 보조 역할을 통해서 언어 학습을 더욱 매력적이고 효과적으로 만들 수 있을 것으로 예상된다.

학술 연구나 전문 영역에서 얻을 수 있는 혜택

학술 연구 같은 경우에는 말할 필요도 없이 좋다. 연구와 글쓰기의 경우 대규모 언어 모델은 대학과 같은 연구기관에 엄청난 변화를 일으킬 것으로 기대하고 있다. 챗GPT가 논문을 쓰면 더 잘 쓰더라는 이야기가 나온다. 가장 기본적인 수준에서는 챗GPT가 비문이나 오탈자를 잡아줄 수 있다. 나의 경우에도 영어로 논문을 많이 쓰는데, 항상 검수를 맡겨서 문법적 오류나 오타를 잡는다. 그런데 챗GPT에게 맡기면 그런 비용을 아낄 수 있게 된다.

챗GPT는 단순히 오타만 잡아내는 것이 아니라 의미와 맥락적 수준에서 잠재적인 문법적 불일치나 내용의 모순까지 식별해내고, 이에 맞는 수정 방법을 추천하는 툴로 발전할 수 있다.

더 나아가서는 주제별 스타일 개선의 가능성까지 있다. 거기다가 지나치게 어려운 텍스트의 요약 및 개요를 생성하는 데 사용할 수 있다. 또 교사와 연구원이 문제의 내용을 더 깊이 파고들고 이해하는 데 도움이 되는 방식으로 텍스트의 요점을 강조하는 데 도움이 될 것이다.

예를 들어 논문을 쓰는 순서를 보면, 논문을 다 쓰고 난 뒤에 도입부를 다시 쓴다. 그리고 나서 초록을 쓴다. 이때 초록 같은 경우에는 챗GPT이게 시켜도 된다. 그러면 시간이 아주 많이 절약될 것이다.

이처럼 챗GPT는 효율성을 높여주고, 텍스트를 요약하거나 새로운 정보를 찾는 데 있어서 학술적으로도 굉장히 도움이 많이 될 것이다. 전문적인 콘텐츠를 학습하는 데도 당연히 도움이 된다. 특히 방법론이나 기술에 대한 자료를 요약하거나 설명하는 데 있어서는 최강점을 지닐 수 있다.

직업이나 전문적인 콘텐츠를 학습하는 데 있어서도 챗GPT는 당연히 도움이 될 것이다. 특히나 교육 방법론, 기술 및 자료에 대한 리소스, 요약 및 설명을 제공하여 교사를 지원할 수도 있다. 이를 통해 교사는 교육의 최신 개발 및 기술을 최신 상태로 유지하고 교육 효과에 기여할 수 있다. 교육 자료의 명확성을 개선하고 전문가가 직장에서 배울 때 필요할 수 있는 정보나 리소스를 찾는 데 사용할 수 있을 뿐만 아니라 프레젠테이션 및 의사 소통 기술이 필요한 현장 교육 모듈에 사용할 수 있다.

내용이나 글쓰기의 정확성, 학생의 아웃풋에 대한 강점과 약점을 파악하는 것 등도 미리 챗GPT가 수행할 수 있다. 이를 통해 교사는 학생에 대한 개별화된 피드백과 관련된 작업에 상당한 시간을 절약할 수 있다. 또한 효율적인 대규모 검색 시스템을 활용해서 표절을 확인하고 부정 행위를 방지할 수 있다. 간단하게 말해서 생각을 하지 않아도 되는 부분을 자동화해줄 수 있다.

직장에서 뭔가를 배워야 하거나 리서치할 때 우리는 네이버나 구글에서 검색해왔다. 그런데 이제는 챗GPT에게 즉석에서 말로 물어보면 된다. 예를 들면 엑셀을 사용할 때 "내가 이 셀에서 이렇게 하고 싶은데 어떻게 해야 해?"를 네이버에서 검색하려고 하면 쉽지 않다. 내가 원하는 정보를 딱 맞춤형으로 올려놓은 것을 찾기가 어렵다. 그런데 그 맞춤형 정보를 실시간으로 줄 수 있는 메커니즘이 생긴 것이다. 즉 남이 올린 자료를 다 정리해서 나에게 필요한 것을 꼭 집어 추출하고 그것을 재구성해서 제공하는 방식이 생긴 것이다. 예를 들어 브이룩업을 엑셀에서 어떻게 써야 할지 모르겠다고 해보자. 그러면 "이 맥락에서 브이룩업을 이렇게 쓰고 싶은데 어떻게 해야 해?"라고 물어보면 바로 대답해준다.

물론 아직은 이 정도까지는 안 된다. 음성 인식도 안 된다. 풀어야 할 여러 가지 문제도 있지만 음성 인식 기술의 경우 90% 이상은 완성되어 있다고 보기 때문에 챗GPT에 음성 인식 기술을 붙이는 게 그리 어려운 일은 아니다.

학생들을 평가하는 데 있어서도 챗GPT가 큰 도움이 된다. 학생들의 작업을 채점하는 초벌 과정을 챗GPT가 해줄 수 있다. 판단이 들어가서 평가해야 하는 부분은 모르겠지만 기본적으로 답이 정형화되어 있는 문제들에 대한 채점은 챗GPT가 대신해줄 수 있는 것이다. 지금까지는 조교가 했던 일을 기계가 대신해줄 수 있다.

챗GPT가 안겨준 숙제

장점 많은 챗GPT, 그러나 과제는 남아 있다

그러면 챗GPT에는 장점만 있을까? 그렇진 않다. 당연히 위험도 있다. 앞에 서도 언급했지만 가장 먼저 생각해볼 문제는 저작권이다. 챗GPT에는 새로운 자료를 만들어내는 역량은 없고 누군가가 만든 자료를 가져오기 때문에 저작권법에서 자유로울 수 없다. 2차 가공을 한다고 하더라도 말이다. 그렇다 보니까 이게 저작권법을 어겼는지 어기지 않았는지를 확인하는 게 너무 어렵다.

우리가 보통 자료를 조사해서 어떤 문서를 만드는 과정을 보면 1차 자료를 보면서 이게 맞는지, 틀린지를 확인한다. 그다음 저작권이 있는지 없는지를 본 다음 가져와서 사용한다. 그런데 챗GPT는 먼저 그 자료를 사용하는 것이다. 그러니까 우리는 한 번 가공된 버전을 보기 때문에 이게 저작권 관련 위험에 노출돼 있는지 아닌지를 확인하기가 너무나도 어려운 것이다.

편견과 편향 그리고 공정성의 문제도 있다. 챗GPT에는 그런 것을 판단하는 알고리즘은 없기 때문이다. 그냥 데이터를 학습한 것을 그대로 내뱉을 뿐이다. 편견이나 편향이 담긴 자료, 오류가 있거나 공정성의 문제가 있는 자료가 있을 때 사람이라면 그걸 한번 걸러낼 것이다. 그런데 챗GPT는 그렇게 할 수 없다. 그리고 한 번 가공된 데이터가 이런 문제에 노출돼 있는지를 확인하려면 비용이 많이 들어갈 수 있다.

또한 AI 검색 모델에 의존한 학습과 교육이다 보니 방향성이 한 방향으로만 나갈 수 있다. 유튜브가 그 대표적인 예다. 유튜브에서 실수로 보기 싫은 영상을 한 번이라도 보게 되면 어떤 현상이 일어나는가? 그게 추천 알고리즘에 뜬다. 챗GPT도 마찬가지다.

결국 AI 검색 모델은 인간이 먼저 만들어놓은, 미리 정의된predefined 틀에서 학습을 하다 보니까 한번 방향성이 한 곳으로 빠지면 걷잡을 수 없어진다. 그래서 기술에 대한 충분한 이해 없이 활용에만 집중하는 것도 위험할 수 있다. 알고리즘이 어떻게 코딩되어 있는지 이해하지 못한 상태에서 활용에만 집중하다 보면 문제가 생길 수 있는 것이다. 그래서 기술자들이 있어야 하고, 그들의 역할이 바로 이런 것이다.

또한 AI가 제공하는 답과 학생의 답이 다를 수 있다. 그때 AI는 단순히 오답이라고 할 것이다. 그런데 학습 현장에 있다 보면 학생이 비록 정답이 아닌 답을 냈을지라도 "아, 네가 왜 그 답을 이야기했는지 알겠어. 그것도 맞아"라고 이야기할 수 있는 경우가 많다. 그래서 사람인 교사라면 보통 그렇게 이야기할 것이다. 이것은 인간의 직관과 논리 때문에 가능한 것이다. 그런데 AI는 그렇게 할 수 없다. 입력된 답이 아니면 무조건 오답이라고 할 것이다. 이게 기계의 한계다.

예상할 수 있듯이 사생활 정보와 정보 보안의 문제도 있다. 또한 지속 가능성의 문제도 있다. 흔히 데이터가 무조건 많아지면 좋을 거라고 생각하지만 세상에는 쓸데없는 데이터도 많다. 너무나도 많은 사람이 정보를 올리다 보니까 가짜 정보가 너무 많아지는 것이다. 그것을 걸러내는 과정에는 비용이 너무 많이 든다. 그래서 머신러닝이라는 게 지속 가능하느냐는 의문이 계속해서 제기되고 있다.

인터넷에 잘못된 정보가 너무 많은데 그게 반복돼서 쌓이면 AI한테는 그게 진실이 되어버린다. 그렇게 학습한 AI는 폐기해야 한다. 새로 러닝을 해야 하는 것이다. 그 사회적 비용이 엄청날 것이다. 이렇다 보니 AI가 제공하는 정보의 신뢰성 문제가 자연스럽게 생기게 될 수밖에 없다.

비판적으로 평가하고 책임 있게 사용하라

챗GPT는 우리가 한 번도 본 적 없는, 순식간에 세상을 바꾸어버릴, 그리고 인간의 설자리를 없애버릴 경천동지할 기술은 아니지만, 훌륭하고 혁신적인 기술적 진보임에는 틀림없다. 챗GPT는 기계가 인간과 자연스러운 대화의 형식을 가지고 소통할 수 있게 해주면서 광범위한 광범위한 주제에 대한 지식을 가지고 있어, 정보 검색, 궁금증 해결, 토론 등 다양한 상황에서 도움이 될 수 있다.

또한 챗GPT는 여러 언어를 지원하여, 다양한 언어 사용자와 대화가 가능하며, 언어 학습에도 도움을 주는 데다 사용자의 질문이나 요청에 따라 맞춤형 응답을 생성할 수 있어, 개인화된 대화 경험을 제공해주기까지 한다. 심지어 빠르기까지 하다. 그뿐 아니라 고객 지원, 가상 비서, 교육, 엔터테인먼트 등 다양한 산업 분야에서 상용화가 가능한 기술이다.

그러나 챗GPT는 이런 엄청난 장점들을 가지는 동시에 여러 문제점도 가지고 있다. 그리고 지금 이야기하려는 문제점들은 꼭 챗GPT만의 문제는 아니다. 그와 유사한 다른 대규모 언어 AI들도 비슷한 문제에 노출되어 있다. 분명 챗GPT 사람과 같은 반응을 생성할 수 있는 강력한 도구지만, 이 모델을 사용하거나 평가할 때 다음과 같은 한계를 인식하는 것이 아주 중요하다.

우선 챗GPT는 마치 인간의 말투를 흉내 내기 때문에 정말 인간과의 소통을 이해한 것처럼 보일 수 있다. 그러나 당연한 말이겠지만 챗GPT는 생성하는 콘텐츠를 진정으로 이해하지는 못한다. 그럼 마치 이해한 것처럼 보이는 반응은 뭘까? 그건 패턴 일치를 기반으로, 주어진 상황에 맞는 응답을 생성하는 미리 정해진 알고리즘에 불과하다.

그러므로 당연히 부정확하거나 무의미한 응답으로 이어질 수 있다. 그리고 인간이 제시하는 문구에 따라 AI 알고리즘의 응답이 달라질 수 있다. 질문을 약간 바꿔서 다른 답변으로 이어질 수 있으며 그때그때 답변의 정확성이나 세부 사항이 달라질 수 있다.

그래서 챗GPT를 사용하다 보면 특정 구문을 남용하는 경우를 볼 수 있다. 예를 들어 아직 문장의 적정성을 판단할 수 없는 어린아이의 언어 교육용으로 챗GPT를 사용한다면, 간결하거나 명확하지 않은 장황한 답변을 제공할 수 있기 때문에 문제가 될 수 있다.

챗GPT는 일반적으로 질문이 모호할 때 명확한 질문을 하는 대신 사용자의 의도를 추측하도록 프로그램되어 있다. 그렇기 때문에 사용자의 의도와 직접적인 관련이 없는 응답을 내놓을 수 있다. 또한 챗GPT는 때때로 응답에 일관성이 없을 수 있으며, 다른 방식으로 묻는 관련 질문에 대해 서로 다르거나 모순된 답변을 제공할 수 있다.

이런 문제점들은 챗GPT가 스스로 생각하지 않는 알고리즘임에도 불구하고 사용자들이 인간과 유사한 수준의 기대를 가지고 챗GPT를 활용할 때 직면할 수 있는 문제들이다. 그런데 챗GPT에는 이보다 더 심각한 문제가 있다.

유해하거나 편향된 콘텐츠를 줄이기 위해 엄청난 노력과 비용을 투자했음에도 불구하고, 챗GPT와 같은 대규모 자연어 AI는 공격적이거나 편향되거나 사실이 아닌 정보를 제공할 수 있다. 학습된 데이터에 따라 인종차별적인 관점을 제시할 수도 있고 비윤리적인 관점을 제시할 수도 있다. 당연히 이러한 관점들의 옳고 그름을 판단할 수 있는 윤리적 잣대와 기준은 학습하지 않는 이상 가질 수 없다.

같은 맥락에서 챗GPT는 유해하거나 오해의 소지가 있는 콘텐츠를 생성하는 데 오용될 수 있다. 그리고 이는 잘못된 정보, 괴롭힘 또는 기타 악의적인 활동을 악화시켜 사회적으로 유해한 문제를 일으킬 수 있다.

그러므로 이용자들은 항상 주의를 기울여야 한다. 챗GPT가 제공하는 정보의 정확도뿐만 아니라 사회적, 윤리적 옳고 그름에 대해 확인해야 한다. 챗GPT와 같은 대규모 자연어 AI의 개발자와 사용자는 이러한 문제점들을 충분히 인식하고 책임감 있게 기술을 사용하는 동시에 제공하는 정보를 비판적으로 평가해야 한다.

군사 혁신과 챗GPT

이번에는 조금 다른 이야기를 해보려고 한다. 목적성 없는 기술의 변화가 군사 산업에 어떤 영향을 미칠 수 있는지에 대한 논문을 바탕으로, 이런 시각에서 챗GPT를 한번 바라보고자 한다.

일반적으로 군사 산업에 적용되는 기술의 발전이라고 하면 뭐가 떠오르는가? 탱크, 포, 전략적 무기, 원자력, 미사일 같은 것이 떠오를 것이다. 일반적으로 무기 기술이나 전장에서 사용되는 기술을 생각한다.

여기서 나폴레옹의 예를 좀 들어보겠다. 1815년에 워털루에서 나폴레옹에 패전했던 가장 큰 이유가 뭘까? 에마뉘엘 드 그루쉬 장군이 3만 3천 명의 병력을 데리고 제때 돌아오지 못한 게 가장 큰 문제였다.

그루쉬 장군은 나폴레옹의 첫 명령에 따라 프로이센이 미끼로 제공한 소수 병력을 추격했다. 그동안 프로이센의 본대는 프랑스군을 향해 진군할 수 있었다. 이러한 정보가 없었던 나폴레옹은 병력이 분산된 상황에서 웰링턴이 이끌던 영국-네덜란드-벨기에 연합군과 전투를 시작했는데, 갑작스럽게 블뤼허의 프로이센 본대가 프랑스군의 우익 후방에서 나타나자 전투가 어려운 상황에 처하게 된다.

그루쉬의 3만 3천병력은 프랑스 본대와 합류해야 하는 할 때 오판을 내려 워털루로 돌아가지 않았다. 그러다 보니, 이것이 패전의 원인이라는 이야기를 많이 한다. 물론 다른 이유도 있을 것이고 그루쉬가 돌아왔다고 반드시 승리했을 거라고 장담하지는 못하겠지만, 가장 중요한 기병 병력을 떼어놓고 전투를 벌였던 게 치명적인 문제였다는 건 부인

할 수 없다.

이 사건에서 핵심적인 문제는 소통의 부재였다. 그루쉬에게 당장 워털루로 돌아오라는 명령을 실시간으로 내릴 수 있었다면 패전하지 않았을지 모른다. 그러나 1815년에는 몇 킬로미터 떨어져 있는 기병대와 본대가 소통할 방법이 없었다. 나폴레옹이 워털루에서 패전했을 때 런던에서 그 정보를 가장 먼저 취득한 자가 돈을 크게 벌었다는 일화도 있다. 당시에는 통신 시설이 없다 보니까 이 정보가 이동하는 데 너무나도 많은 비용과 시간이 걸렸고, 군사 작전을 실행하는 데는 말할 것도 없이 비효율적이었다.

그러다 무선 통신이 개발되자 실시간으로 모든 병력의 이동 경로와 현재 위치를 다 파악할 수 있게 되었다. 통신과 AI는 군사 산업을 이처럼 획기적으로 바꿔버릴 수 있는 것이다.

맞춤형 검색 엔진이라고 하면 일반적으로 일상생활에서 "이거 검색해줘. 이거 뭐야?"라고 묻는 용도로만 생각할 수 있다. 그런데 〈아이언맨〉에 나오는 자비스도 사실 군사 목적이 아닌가. 군인들이 전장에서 실시간으로 검색하고 소통할 수 있는 기계가 바로 이런 인공지능이다. 예를 들어 내가 조종하는 기계가 전장에 나가 있고 나는 후방에서 그 기계를 조종하는 것이다. 그렇게 되면 전쟁의 패러다임 자체가 다 바뀌어버린다.

통신 시설에 AI가 붙으면 군사 산업에서는 그 범위와 범용성과 침투성이 이루 말할 수 없이 커진다. 모든 소통에 있어서 효율화가 일어나는 것이다.

챗GPT는 다른 기술 발전에 대한 촉매가 될 수 있다. 그래서 시너지에 집중하는 것이다. 이게 바로 보편 기술의 강점이자 단점이다. 보편 기술 자체의 변화보다 다른 기술과 붙어서 시너지를 일으키는 게 굉장히 크다.

군사 산업 같은 경우에는 단편적인 챗GPT의 적용보다는 챗GPT의 논리나 특성이 산업에 적용돼서 변화를 촉발할 수 있다. 그래서 군사 혁신과 산업 경쟁의 변화라는 측면에서 챗GPT를 바라볼 필요가 있다.

일단 일반적으로 군사 혁신은 전장의 시각적인 부분들에 집중되는 경향을 보인다. 화력, 운용, 정보 수집 등 군산업의 전방에 적용되는 것들인데 챗GPT는 군 산업의 다운스트림, 후방에 다양하게 응용될 수 있다. 이런 운영은 전장 자체의 통신뿐만이 아니라 군의 모든 측면에 있어서 변화를 일으킬 확률이 높다. 전장에서 화력의 증진보다는 군의 효율화를 통해서 군사력 향상과 비용 절감에 집중을 할 수 있는 장점이 있다.

방대한 양의 전략 데이터를 수집하고 저장해서 공유하며, 스크리닝을 해서 분류하고 체계화하고 보고하는 과정. 이 과정이 혁신적으로 효율화된다. 전략 데이터의 수집, 저장, 공유, 스크리닝, 분류, 체계화, 보고가 한 번에 이루어지면 얼마나 큰 자원을 아낄 수 있는지는 굳이 말하지 않아도 상상할 수 있을 것이다.

위성이나 네트워크나 도청이나 촬영 같은 기술이 너무나도 발전해 있다. 그렇다 보니 우리가 수집할 수 있는 정보의 양이 극단적으로 많아졌다. 위성으로, 심지어 지상에서 차 한 대 움직이는 것까지 다 모니터링할 수 있기 때문이다.

예를 들어 경찰이 CCTV를 확인할 때 어떻게 하는가? 녹화된 영상을 돌려보면서 눈으로 직접 확인한다. 이렇게 되면 아무리 정보가 많이 저장되어 있어도 활용하기가 어럽다. 그런데 이제는 챗GPT와 대화를 할 수 있다. "이런 이런 정보를 뽑아줘"라고 하는 것이다. 예전에는 구체적인 조건들을 달아야 스크리닝이 됐지만 이제는 추상화된 조건들을 걸 수 있는 것이다. 이게 정말 큰 혁신이다.

예를 들어 북한의 드론 공격이 레이더에 잡혔다고 해보자. 그런데 이게 새인지 드론인지 인간이 판단하기가 어려울 수 있다. 그러니까 정보가 없는 게 아니라 스크리닝하고 분류하고 체계화하는 게 안 되는 것이다. 이런 점에서 챗GPT는 데이터 분석 효율화를 통해서 표적, 기호, 식별에 있어서 획기적인 변화를 일으킬 수 있다.

여기에 더해 수송이나 보급이나 조달이나 관리 같은 것도 다 데이터다. 옛날에는 수송에서 시작해서 보급하고 조달하고 보급품을 관리하는 게 다 수학이었다. 이것을 챗GPT가 한 방에 해줄 수 있게 되었다.

이것이 의미하는 바는, 중공업 위주의 군사 산업에서 새로운 비즈니스 기회를 창출해낼 수 있다는 것이다. 중공업 위주의 산업 구조에서 탈피해서 군 산업도 정보 산업화가 될 수 있다. 보수적인 군사 산업에서도 다른 산업이 직면하는 변화를 수용하는 촉매제가 바로 챗GPT가 될 수 있다. 진정한 의미의 정보전이 일어나게 되는 것이다.

챗GPT의 생산성 향상

과거에도 항상 무기 생산의 효율성 향상과 비용 절감은 군사력이 증가하는 데 매우 중요한 요인이었다. 예를 들면 제2차 세계대전에서 전쟁 후반으로 가면서 독일군이 굉장히 훌륭한 전차들을 많이 만들어냈다. 모델이 다양했고 혁신 기술을 계속해서 적용하려는 노력을 많이 했다. 이에 비해 소련은 T-34를 주력으로 사용했는데 분명 T-34는 모든 면에 있어서 뒤처지는 모델이었으나 생산 비용이 저렴했다. 그렇기 때문에 많이 만들어낼 수 있었다.

　그래서 독일 같은 경우에는 대전차용 방어포를 다 따로 만들거나, 대전차용 전차를 따로 만들고 보병용 전차를 따로 만들었다면, 소련은 그냥 T-34를 많이 생산했다. 패튼 전차를 사용했던 미국도 마찬가지 기조였는데 특수 목적용

기술을 많이 맞춤형으로 많이 만드는 게 아니라 그냥 하나의 싼 전차를 많이 만들어서 범용했다.

결국 전쟁은 돈이다. 돈이 적게 들면 같은 돈을 들여도 더 많은 무기를 만들 수 있기 때문이다.

챗GPT도 이런 맥락에서 볼 수 있다. 챗GPT는 다른 기술 혁신의 촉매 역할을 하는 동시에 다른 기술에 의지하게 되므로, 챗GPT를 활용해서 무기 생산 과정 자체를 효율화할 수 있다. 공장을 돌리는 과정에 들어가는 비용을 줄일 수 있는 것이다.

다시 말해 기존 중공업의 효율성을 가져올 수 있다. 중공업의 효율성은 인류 모든 역사를 통틀어서 군사력 증강을 가져왔다. 왜냐하면 공장이 더 잘 돌아가기 때문이다. 공장이 더 잘 돌아간다는 건 더 적은 자원과 더 적은 노동력을 가지고 더 많은 물건을 만들어낼 수 있다는 의미다. 그러니까 당연히 군사력 증강으로 갈 수밖에 없다. 기존 중공업의 비용 절감을 통해 새로운 비즈니스 기회가 등장하는 것이다.

더 중요한 것은 간접적인 생산성 향상이 일어나면서 산업 전체가 다 바뀐다는 것이다. 챗GPT도 그런 영향을 가져오는 게 충분히 가능할 것이다. 인간이 대화를 기계와 대화를 하면서 효율성을 만들어낸다는 게 그런 의미다.

그렇다고 해서 우리 삶이 완전히 바뀔까? 혹은 전차를 만드는 공정이 바뀔까? 그건 아니다. 경천동지할 새로운 세상이 도래하는 건 아니다. 다만 우리가 하고 있는 일을 더 쉽고 저렴하고 효율적으로 만들어주는 역할을 한다는 것이다.

챗GPT는 인간의 일자리를
빼앗아 갈까?

일자리는 사라지고 다시 생긴다

사람들이 인공지능을 이야기할 때 가장 많이 걱정하는 게
있다. 챗GPT 같은 기술이 나오면 인간이 일자리를 잃을 거
라는 것이다.

예를 들어 챗GPT가 이미 일부 간단한 기능이나 상용구
작성은 개발자보다 빠른 속도로 작성 가능하다고 한다. 그
럼 챗GPT가 미래의 개발자를 대체할 가능성도 있을까? 만
약 그렇다면 인공지능은 궁극적으로 개발자가 없어도 홀로

발전할 수 있다는 의미일까?

내 고등학교 동창이 실리콘밸리에서 개발자로 일하고 있는데, 얼마 전 그 친구가 페이스북에 이런 피드를 올렸다. "예전에 내가 몇 시간이 걸려서 짜던 코드를 챗GPT가 한 번에 짜줘서 허무하다"라는 내용이었다. 이미 남이 짜놓은 코드를 짜는 일은 결코 사람이 챗GPT보다 빠르게 해낼 수 없다.

그렇다고 해서 챗GPT가 개발자를 대체할까? 그렇지는 않다. 왜냐하면 챗GPT는 응용이 안 되기 때문이다. 챗GPT 입장에서는 "이런 것을 할 코드를 짜주세요"라고 하면 그걸 짜줄 수는 있지만 새로운 코드를 만들 수는 없다. 개발뿐 아니라 다른 모든 것에 대해서 마찬가지다.

그러므로 개발자 없이 챗GPT가 홀로 발전할 수는 없다. 만약 지구상에 있는 개발자들이 개발할 수 있는 모든 코드를 다 개발해놨다면? 그리고 그걸 인터넷에 다 공유한다면? 그러면 그때부터는 챗GPT가 스스로 설 수 있다. 새로운 코딩을 할 필요가 없는 상황이 온다면, 있는 코드를 계속해서 사용하는 것은 인간이 챗GPT보다 더 잘할 수는 없기 때문이다. 그러나 그런 상황이 온다는 건 상식적으로 말이 안 된다. 그렇기 때문에 최소한 가까운 미래에는 개발자 없이 챗GPT가 홀로 발전할 수는 없다고 본다.

챗GPT로 인해 수많은 인력이 대체될 것이라는 방향성은 맞다. 효율화를 통해 인간의 노동력을 아낄 수 있다. 자동화와 맞춤형 대응을 통해 옵션을 다양화하고 빠른 배송이 일어날 것이다. 규모의 경제에 의해 돈, 시간, 거리, 노동 등이 절감될 것이고 노동의 수요는 줄어들 것이다.

그런데 한편으로는 챗GPT로 인해서 새롭게 생겨나거나 발전할 직업군도 많다. 예를 들어 챗GPT가 만들어낸 자료의 진위를 검증하는 직업이 필요해질 것이다. 챗GPT가 사용한 원래 소스를 트래킹해서 그게 맞는지 틀린지 판단해야 할 것 아닌가. 물론 그것도 챗GPT를 시킬 수도 있을 것이다. 그런데 챗GPT를 시키면 또 그 작업을 검증해야 한다. 그렇기 때문에 이런 식의 직업은 많이 생겨날 것이다.

데이터를 처리하는 직업이 생겨날 수도 있다. 예를 들면 챗GPT가 공정을 효율화해서 관리하고 있다면, 그 챗GPT를 관리하는 직업도 생겨날 수 있다. 그 챗GPT를 관리하는 직업만이 아니라 챗GPT가 공정을 잘 보고 있는지를 확인하는 직업도 필요해진다.

결국 기계의 알고리즘을 완전히 믿을 수 없기 때문에 이런 직업들이 필요해진다. 금융권의 트레이더들도 자동화된 트레이딩을 많이 하는데 기계가 갑자기 이상한 일을 할 때가 있다. 알고리즘에 의해 돌아가다 보니까 사람이 보기에는 말도 안 되는 일인데도 조건만 맞으면 실행해버린다. 이런 것들을 막아주는 일도 결국 사람이 해야 한다. 이처럼 새로 생길 만한 직업의 예를 들자면 끝이 없다.

이전의 사례를 봐도 이런 현상을 확인할 수 있다.

1. 1990~2007 미국: 로봇 사용 증가 ⇒ 고용&임금 감소

   (Acemoglu and Restrepo, 2017)

2. 1999~2007 미국: 고용률 증가(Atasoy, 2013)

3. 1990~2016 스페인: 로봇 사용 증가 ⇒ 약 10%의 일자리

   증가(Koch and Smolka, 2021)

그러므로 챗GPT로 인해 수많은 인력이 대체될 것도 맞

지만, 새로운 직업이 엄청 많이 생길 거라는 것도 맞다. 어떤 쪽이 더 영향력이 클지는 아직 속단하기 어렵다고 생각한다.

챗GPT를 바라보는 엇갈린 시각

노동에 대한 보상은 또 다른 이야기다. 1990년대에는 전체 소득 중에서 34% 정도가 노동 소득이었다. 그런데 2000년 대에 들어서면서 이 비율이 계속 감소한다. 인간 노동에 들어가는 비용 대비 ICT 산업 장비의 비중이 확대되는 것이다. 다시 말해 노동 소득의 상대적 감소가 일어난다.

우리가 만들어내는 부에서 노동 소득이 차지하는 비중이 계속 줄어든다. 노동 소득이 줄어든다는 이야기가 아니라 노동 소득이 차지하는 비중이 줄어든다는 이야기다. 전체 부가 늘어나면서 우리 인생에서 차지하는 노동 소득의 중요성이 계속해서 감소하게 된다는 뜻이다.

간단하게 말하면 챗GPT가 가져올 변화는 노동 산업에

서 트레이드오프trade off를 일으킬 것이다. 기술이 기존 인간의 노동을 대체해서 노동의 수요를 감소시키는 것, 그리고 기술이 생산성을 높여서 규모의 경제를 통해 비용 감소와 생산의 확대를 통해 신규 노동 수요를 증가시키는 것, 이 두 가지가 상쇄하는 것이다.

기술은 노동자의 일부 작업, 단순 반복적인 작업을 대체할 것이다. 그래서 노동 수요를 감소시키는 동시에 경제를 팽창시킬 것이다. 규모의 경제를 통해 효율성을 높이고 비용을 절감하면 경제가 성장할 것이고, 그렇게 되면 다시 고용이 일어난다. 기존 업무가 대체되면서 노동 수요가 감소하는 한편 경제가 팽창하면서 노동 수요가 증가하기도 하는 것이다.

중요한 건 둘의 상대적 크기인데, 이것은 기술의 특성과 노동자 업무의 특성에 따라서 달라질 것이다. 반복 업무를 하는 사람들이 사라지면서 추가로 다른 업무에 고용되는 사람들이 늘어날 것이다.

결론적으로 이 문제는 개별 사례에 따라 달라질 수밖에 없다. 반복적 업무와 비반복적 업무의 상황이 다를 거라는 것이다. 노동 인력과 연구 개발 인력이 다를 것이고 제조업과 ICT 산업이 다를 것이다.

결국 우리의 대응이 중요하다

이 시점에서 생각해볼 것이 있다. 그러면 우리는 무엇을 해야 하는가? 이것에 대한 고민을 해볼 필요가 있다. 기술의 발전을 막을 수는 없다. 일자리가 줄어드는 게 무서워서 기술을 발전하지 못하게 할 수는 없는 것이다. 기술의 발전은 필연적이다. 기존 업무가 대체됨에 따른 노동 수요의 감소는 막을 수가 없다는 이야기다.

이것을 전제로 하면 우리가 고민할 것은 결국 '어떻게 성장할 것인가' 하는 문제다. 기술을 신성장 동력으로 활용해서 경제를 성장시켜야 한다는 정부의 기조가 여기서 나오는 것이다. 그래서 효율화를 통해 노동 수요를 계속 증가시켜야 한다는 이야기를 하는 것이다.

경제가 성장하면 우리가 지금 마주하고 있는 대부분의

문제가 해결된다. 물론 다른 문제들이 생길 것이고, 이를테면 분배의 문제 등 여러가지 논의점이 생기겠지만 성장하지 못해서 마주하고 있는 대부분의 문제는 일단 성장이 해결해줄 것이다.

그런데 여기에는 함정이 하나 있다. 기술로 인한 효율화는 필연적이고 바꿀 수 없는 것인데, 성장은 기술의 효율화를 통해 우리가 만들어내야 한다는 게 문제다. 그리고 지금까지 우리는 그것에 실패했다. 기술을 활용해서 성장했는가? 우리가 혁신 산업에 얼마나 많이 투자했는가. 그렇다고 해서 GDP 성장률이 올라가진 않았다.

그러면 이런 의문이 들지도 모르겠다.

'기술에 의한 경제 성장이 이토록 어렵다면 그냥 성장하는 게 더 쉬운 것 아닌가?'

그러나 이렇게 말하면 초점이 어긋난 논의가 되어버린다. "기술의 발전에 의한 성장이 아니라 그냥 성장을 하면 되는 거잖아"라는 건 터무니없는 답이다. 논리적으로는 말이 되지만 결론적으로 전혀 맥락과 맞지 않는 답이기 때문이다.

기술의 혁신을 통한 성장이 현실적으로 어렵다면, 기술의 효율화를 통해서 노동의 수요를 증가시키는 것이 가장 적절한 해법이라는 것이 현재 전체적인 합의를 이뤘다. 기술을 통한 성장이 어렵다면 노동의 수요를 증가시키는 기술에 집중하는 게 노동적인 측면에서는 맞는다는 것이다. 디지털 뉴딜에 있어서 선택과 집중에 답이 있다.

환경노동위원회와 고용노동부에서는 노동 기술의 발전을 막을 수 없다면 효율화를 통해서 노동의 수요를 증가시키는 기술의 지원을 해야 한다고 말한다. 그러한 기술을 발전, 촉진하는 촉매제 역할을 노동 산업에서 해야 한다는 것이다.

물론 과학기술정보통신부의 입장은 완전히 다르다. 과학기술정보통신부 입장에서는 노동을 줄이는 기술이나 노동을 증가시키는 기술이나 똑같이 볼 수 있기 때문이다. 그러나 노동 산업에서는 자원을 배분을 할 때 일자리를 창출할 수 있는 기술에 먼저 집중하는 게 필요하다는 이야기가 나오고 있다.

빅테크 기업이 AI에 투자하는 이유

마이크로소프트와 구글을 필두로 하는 국내외 빅테크 기업들은 이미 AI에 많은 자원을 투자해왔고, 앞으로도 투자를 계속할 예정이라고 알려져 있다. 챗GPT의 대중적 성공으로 인해 이러한 투자계획들은 더욱 힘을 받고 있다.

그렇다면 빅테크 기업들은 왜 AI에 투자를 할까? 물론 답은 간단하다. 새로운 사업 기회의 발굴 및 선점을 위해서다. 여기에 더해서 GPT와 같은 범용성 인공지능에 대한 논의에서 반복적으로 나오는 비용 절감 또한 중요한 목표다.

일단 빅테크 기업들은 AI 투자를 통해 새로운 비즈니스 기회를 창출하려 한다. 새로운 비즈니스 기회는 단순하게 AI 산업에 국한되지 않는다. AI는 기존의 비즈니스에 혁신을 가져오는 동시에, 새로운 기술이나 서비스를 만들어내는 데도 큰 역할을 한다. 빅테크 기업들은 AI를 활용해 AI 산업 내 새로운 비즈니스 기회를 모색함과 동시에 AI와 접목될 수 있는 사실상 모든 사업 영역에서 새로운 기회를 탐색하고, 시장을 선점하는 데 주력한다.

이런 과정에서 빅테크 기업들은 자신들의 산업 경쟁력을 강화시킬 수 있다. AI 기술의 발전은 빠르게 진행되고 있으며, 이를 활용한 기업들은 생산성 향상, 비용 절감, 서비스 개선 등 경쟁력을 강화할 수 있다. 빅테크 기업들은 지속적인 혁신을 통해 시장 선도를 유지하기 위해 AI 투자를 확대한다.

또한 AI 기술에 대한 투자는 자연스럽게 보유한 데이터가 늘어나고 데이터를 활용하는 기술 또한 혁신할 수 있다. 빅테크 기업들은 이미 대량의 사용자 데이터를 보유하고 있는 경우가 많다. AI 기술은 이러한 데이터를 분석하고 이해하는 데 도움을 주어, 사용자 경험 개선, 맞춤형 광고, 추천 시스템 등의 서비스를 제공할 수 있기 때문에 빅테크 기업들에게 있어 현재의 사업 영역에 대한 자연스러운 확장으로 이어져 매력적일 수 있다.

여기에 더해 신기술에 대한 집중적인 투자는 AI 기술 리더십을 확보할 수 있게 도와줄 것이다. AI 분야에서 선두 주자가 되면, 해당 기업은 기술 표준을 설정하고 영향력을 행사할 수 있다. 이로 인해 빅테크 기업들은 파트너사와 소비자들에게 더 많은 가치를 제공하고, 시장 점유율을 확대할 수 있다.

그러다 보면 자연스럽게 기업의 사회적 영향력이 강화된다. AI 기술은 의료, 교육, 환경 등 다양한 사회 문제 해결에 기여할 수 있다. 빅테크 기업들은 AI를 활용하여 사회적 가치를 창출하고, 기업 이미지와 브랜드 가치를 높이려 할 수 있다.

또한 범용성 혁신 기술의 아주 중요한 장점은 비용 절감과 효율성 증대다. AI 기술은 자동화, 최적화, 예측 등의 기능을 제공해 비용 절감과 효율성 증대에 도움을 준다. 이를 통해 빅테크 기업들은 인력 비용, 에너지 비용 등을 절감할 수 있다.

챗GPT의 경제적 가치와 영향

빅테크 기업들이 챗GPT를 비롯한 AI 기술에 적극적으로 투자하는 이유에서 우리는 챗GPT의 경제적 가치와 영향을 이해할 수 있다. 일단 가장 명시적으로 보이는 부분은 비용 절감이다. 챗GPT는 고객 지원, 온라인 상담 등 다양한 분야에서 인력을 대체하여 비용 절감 효과를 가져온다. 사람 대신 AI를 활용하면 특히 높은 인건비를 필요로 하는 지역에서 큰 이점을 얻을 수 있다.

여기에 더해 다른 기술과의 시너지는 사회 전반에 생산성 향상을 가져올 수 있다. 챗GPT는 효율적인 작업 처리를 통해 기업의 생산성을 높일 수 있다. 자동화된 대화 처리로 시간을 절약하고, 의사결정 및 업무 분석을 지원하여 업무 처리를 빠르게 할 수 있다.

개인화된 맞춤형 서비스 제공이라는 효용성은 아무리 강조해도 부족하지 않다. 우리는 모두 우리에게 맞춤형 개인 비서를 원한다. 챗GPT는 사용자의 관심사와 선호도에 따라 개인화된 서비스를 제공할 수 있다. 이를 통해 기업은 고객 만족도를 높이고, 고객 유지와 가치 창출에 기여할 수 있다.

그리고 이미 언급했듯이 우리 사회에 새로운 비즈니스 모델 창출해낼 수 있다. 챗GPT는 기존의 비즈니스 프로세스를 혁신하고, 새로운 서비스나 제품 개발에 활용될 수 있다. 이를 통해 기업은 경쟁력을 강화하고, 시장 점유율을 높일 수 있다.

또한 교육 산업에서의 활용 예시에서 보았듯이, 챗GPT는 교육 및 연구 지원에서 엄청난 경제적 가치를 만들어낼 수 있다. 챗GPT는 교육자와 학습자에게 정보 제공, 커리큘럼 개발, 질문에 대한 답변 등 다양한 교육 지원 역할을 수행함으로써 교육 업계에서도 유용하게 쓰인다. 또한 연구자들에게도 자료 검색, 데이터 분석 등의 지원을 제공하여 연구 활동을 돕는다.

마지막으로 언어 장벽 해소의 가능성을 꼽을 수 있다. 이미 나는 경제학 발전에 크게 이바지했고 굉장히 많은 정보가 있지만 언어의 한계로 인해 접근이 어려웠던 스웨덴어로 된 경제학 자료들을 챗GPT를 활용해 검토하고 있다. 챗GPT는 다양한 언어를 처리할 수 있어, 국제적인 시장에서도 기업과 고객 간의 언어 장벽을 해소하고 글로벌 시장 진출을 도울 수 있다.

기술은 계속 발전한다

지금까지 사회과학자의 시각에서 상식적으로 이해할 수 있는 정도의 챗GPT에 대한 이야기를 했다. 특히 교육의 예를 들어보았는데, 교육에서 GPT와 같은 거대 언어 모델은 사실상 그 잠재적 응용방식이 무한대라고 볼 수 있다. 이러한 모델을 활용해서 초등, 중등, 고등 및 전문 개발을 포함한 모든 교육 수준의 개인에게 학습 및 교육 경험을 향상시킬 기회가 제공될 수 있다.

또한 챗GPT를 군사 분야에서 어떻게 활용될 수 있는지도 살펴보았다. AI의 발전은 결국 효율성의 강화와 군사력 향상으로 이어질 것이다. 군사 분야에서 AI의 역할을 이야기하면 디스토피아적 상상력을 펼치는 사람도 많지만, 아직까지 챗GPT 수준에서는 그 정도의 파괴력을 가지지는 못한다.

마지막으로 많은 사람이 궁금해할 부분, 바로 우리 일자리를 AI가 뺏어갈 것인가에 대해서도 알아봤다. 기술의 발전은 분명 인간의 일자리를 대체하지만, 동시에 기술의 발전으로 새로운 직업이 창출되기도 한다. 이런 기술의 중립성을 우리 인간이 어떻게 활용할 것인지, 어떻게 인간을 위한 방향으로 이끌 것인지가 언제나 중요한 문제다.

인공지능이 어떻게 발전할지는 아무도 모른다. 그런데 한 가지 확실한 건 가까운 미래에 컴퓨터가 스스로 생각할 일은 없다는 것이다. 지금 우리가 이야기하고 있는 게 과대 포장되어 있는 것만은 확실한 것 같다.

물론 지금 챗GPT가 하고 있는 혁신적인 일들을 폄하할 이유도 없다. 인공지능이 인간의 언어를 할 수 있다는 것 자체도 엄청나게 큰 발전이기 때문이다. 그리고 우리 삶에 있어서 인공지능이 많은 변화를 가지고 올 것이다.

이 변화는 하루아침에 나온 게 아니다. 지난한 과정을 거쳐서 1970년대 이후에 오랜만에 빛을 본 것이다. 물론 몇 년 후 챗GPT도 순식간에 사라져버릴 수도 있다. '내가 생각했던 것만큼 좋은 기술이 아니네?'라고 할 수도 있다. 그럼에도 우리가 보지 않는 곳에서 기술은 계속 발전할 것이다.

우리가 만들어나가는
인공지능의 미래

이 책에서는 우리가 신기술을 어떻게 바라보아야 할지에 대한 논의를 바탕으로 정보를 관리하기 위한 인류의 여정의 연장선상에서 챗GPT의 목적과 방향성, 기술의 발전 과정, 이를 둘러싼 혁신과 도전 그리고 다양한 활용 분야에 대해 살펴보았다.

이러한 논의를 통해 독자들이 챗GPT를 통해 인공지능이 어떻게 인간의 삶에 녹아들 수 있을지 이해하고 고민했으면 한다. 챗GPT는 이미 인공지능 기술의 혁신적인 발전을 보여주며 인간의 삶에 큰 영향을 미치고 있기 때문이다.

현재 챗GPT에 쏟아지고 있는 과도한 관심과 지나친 포장 그리고 테마화를 경계해야 한다. 그러나 동시에 챗GPT는 인공지능 기술의 성장을 보여주는 대표적인 사례로, 이 기술은 이미 의사소통, 교육, 의료, 연구 등 여러 분야에서 이미 혁신적인 변화를 이끌어내고 있다. 인간과 기계가 상호작용하는 새로운 패러다임이 열렸으며, 그 결과로 더욱 발전된 사회와 삶의 질을 기대할 수 있다. 인간과 기계의 상호작용을 높이는 이 기술은 시너지를 통해 인간의 삶의 질을 향상시키고 더욱 발전된 미래를 약속할 수 있을 것으로 기대한다.

챗GPT는 과거의 인공지능 기술들과는 차별화된 성능을 보여주며, 의사소통, 교육, 의료, 연구 등 다양한 분야에서 활용될 수 있을 것으로 본다. 이러한 혁신적인 변화는 인간의 삶을 개선하는 데 상당한 기여를 하고 있으며, 인간과 인공지능이 경쟁하는 관계가 아닌 더욱 긴밀하게 협력하는 미래를 그려낼 것이라고 생각한다.

그러나 챗GPT와 같은 인공지능 기술의 발전은 동시에 새로운 도전과 질문들을 제기한다. 급속한 발전은 새로운 도전과 과제를 동반하기 때문이다. 기술적 한계, 윤리적 고려, 사회적 영향 등을 고려해야만 지속 가능한 발전이 가능하다. 이러한 이슈들은 미래의 인공지능 연구자들과 사용자들 그리고 사회 전체가 함께 풀어야 할 중요한 숙제로 남아 있다.

기술 혁신에 대해 사회적 맥락에서 비판적 시각을 견지하고 지나치게 낙관적인 시각을 경계하자는 점을 강조하며 이 책을 시작했다. 그러나 챗GPT는 자연어 기반 거대 인공지능의 진보에 대한 증거이자 미래를 향한 발판이라는 점에 깊이 동의한다.

이런 맥락에서 우리는 챗GPT와 인공지능의 가능성과 발전 방향에 대해 깊이 고민해볼 필요가 있다. 본문에서 언급했듯 인공지능의 미래는 우리가 어떻게 그 기술을 발전시키고 활용하는지에 따라 달라질 것이기 때문이다. 이 책이 그 방향성을 찾는 데 작은 도움이 되기를 바란다.

이 책을 통해 독자들이 챗GPT에 대한 이해를 높이고, 인공지능이 가져올 미래에 대한 생각을 더욱 확장할 수 있기를 기대한다. 챗GPT와 같은 기술의 발전은 우리의 삶을 더욱 풍요롭게 만들어줄 것이며, 우리는 이를 통해 더 편한 생활과 더 나은 미래를 만들어갈 수 있을 것이다.

결국 챗GPT는 인공지능의 한 단계를 보여주는 것일 뿐이다. 앞으로 우리가 겪게 될 인공지능의 놀라운 발전과 변화는 이것보다 더 클 것이 자명하다. 인간의 지능과 인공지능의 협력은 끊임없는 발전을 이루며 앞으로도 놀라운 혁신을 이끌어낼 것으로 기대한다.

인공지능의 미래는 우리가 함께 만들어가야 한다. 이 책을 통해 독자들이 챗GPT와 인공지능에 대한 이해를 높이고, 그 가능성을 끊임없이 모색하는 기회를 갖기를 바란다. 이 책이 인공지능과 인간의 상호 협력을 이끌어낼 첫걸음이 되길 바라며, 끊임없이 발전하는 인공지능과 함께 미래를 향해 도전하는 동반자가 되길 기원한다. 끝으로 이 책을 쓰는데 도움을 준 홍익대학교 황지웅 학생에게 감사함을 전한다.

알고리즘 »»»

알고리즘은 문제를 해결하기 위한 명확한 절차나 일련의 단계를 의미한다. 알고리즘은 컴퓨터 과학과 프로그래밍의 기본 요소로, 다양한 분야에서 활용된다. 알고리즘은 입력을 받아 처리하고, 원하는 결과물인 출력을 생성한다. 알고리즘은 명확하고 유한해야하면 입력과 출력이 정의되어 있어야 하며 효율적이고 일반적이어야 한다는 특성을 갖는다. 알고리즘의 종류는 매우 다양하며, 각 문제에 적합한 알고리즘이 존재할 수 있다.

웹3.0 »»»

웹 3.0Web 3.0은 인터넷의 세 번째 세대로, 의미론적 웹Semantic Web이라고도 불린다. 웹 3.0은 기계가 인간의 언어와 개념을 이해하고, 정보를 더욱 효율적으로 처리하며, 사용자에게 더욱 맞춤화된 경험을 제공하는 것을 목표로 한다. 웹 3.0의 주요 특징은 의미론적 웹, 인공지능과 자연어 처리, 분산 웹과 블록체인, 3D 그래픽과 가상 현실, 사물인터넷IoT 정도로 생각해

>>>

볼 수 있다. 웹 3.0은 웹의 진화 과정에서 한 단계 더 나아가려는 시도로, 사용자에게 더욱 편리하고 지능적인 웹 환경을 제공하는 것을 목표로 한다. 웹 3.0은 미래지향적인 개념이기에 그 정의가 아직은 모호하다.

시맨틱 웹   » » »

시맨틱 웹Semantic Web은 웹의 정보를 기계가 이해하고 처리할 수 있도록 의미를 부여하는 기술과 프레임워크의 집합이다. 월드 와이드 웹 창시자 팀 버너스-리Tim Berners-Lee가 제안한 이 개념은 웹 3.0의 핵심 구성 요소 중 하나로, 데이터의 상호 운용성interoperability과 효율적인 정보 검색을 목표로 한다. 시맨틱 웹은 다음과 같은 주요 기술들로 구성된다. 메타데이터, 온톨로지, 자원 기술 프레임워크, 웹 온톨로지 언어, SPARQL. 시맨틱 웹은 데이터의 의미를 명확히 전달하고, 다양한 소스의 데이터를 쉽게 통합하고 검색할 수 있도록 함으로써, 인터넷 사용자의 경험을 향상시키는 데 기여한다

머신러닝 » » »

머신러닝Machine Learning은 인공지능AI의 한 분야로, 컴퓨터
가 데이터를 통해 학습하고 스스로 성능을 개선할 수 있도록
하는 알고리즘과 기술을 연구하는 분야다. 머신러닝은 다양
한 응용 분야에서 문제를 해결하기 위해 사용되며, 통계, 컴퓨
터 과학, 최적화 이론 등 여러 학문의 개념과 기술이 결합된다.
머신러닝은 이미지 인식, 자연어 처리, 추천 시스템, 음성 인식
등 다양한 분야에서 탁월한 성능을 발휘하며, 인공지능의 발
전을 이끌고 있다. 또한 딥러닝Deep Learning과 같은 기술 발전
을 통해 머신러닝의 성능과 범위가 더욱 확장되고 있다.

자연어 처리 » » »

자연어 처리NLP: Natural Language Processing는 인공지능의 한
분야로, 컴퓨터가 인간의 언어를 이해하고 생성하는 데 초점
을 맞춘다. NLP는 텍스트와 음성 데이터를 처리하며, 정보 검
색, 기계 번역, 감성 분석, 음성 인식, 챗봇 등 다양한 응용 분
야에서 활용된다. 자연어 처리는 언어학, 컴퓨터 과학, 머신
러닝 등 여러 학문의 기술과 이론이 결합되어 이루어진다.

범용 인공지능

범용 인공지능AGI: Artificial General Intelligence은 인간의 지능과 유사한 수준의 이해력과 학습 능력을 가진 인공지능을 의미한다. 범용 인공지능은 다양한 문제와 작업에 유연하게 적용할 수 있으며, 도메인이나 작업에 구애받지 않는 학습과 추론 능력을 가진다. 이와 달리, 현재 대부분의 인공지능 시스템은 특정 분야나 작업에 특화된 좁은 인공지능Narrow AI으로 분류된다. 범용 인공지능은 아직 완전히 구현되지 않은 개념이지만, 인공지능 연구의 최종 목표로 여겨진다. 범용 인공지능이 실현되면, 인간의 지능을 모방하여 다양한 분야에서 창의적인 문제 해결, 학습, 의사결정 등의 능력을 발휘할 것으로 기대된다.

KI 신서 10925

GPT 사피엔스

1판 1쇄 인쇄 2023년 5월 10일
1판 1쇄 발행 2023년 5월 19일

지은이 홍기훈
펴낸이 김영곤
펴낸곳 (주)북이십일 21세기북스

콘텐츠개발본부이사 정지은
인생명강팀장 윤서진 **인생명강팀** 최은아 강혜지 황보주향 심세미
디자인 지완
출판마케팅영업본부장 민안기
마케팅2팀 나은경 정유진 박보미 백다희
출판영업팀 최명열 김다운
제작팀 이영민 권경민

출판등록 2000년 5월 6일 제406-2003-061호
주소 (10881) 경기도 파주시 회동길 201(문발동)
대표전화 031-955-2100 **팩스** 031-955-2151 **이메일** book21@book21.co.kr

(주)북이십일 경계를 허무는 콘텐츠 리더

21세기북스 채널에서 도서 정보와 다양한 영상자료, 이벤트를 만나세요!
페이스북 facebook.com/jiinpill21 **포스트** post.naver.com/21c_editors
인스타그램 instagram.com/jiinpill21 **홈페이지** www.book21.com
유튜브 youtube.com/book21pub

서울대 가지 않아도 들을 수 있는 명강의! 〈서가명강〉
서가명강에서는 〈서가명강〉과 〈인생명강〉을 함께 만날 수 있습니다.
유튜브, 네이버, 팟캐스트에서 '서가명강'을 검색해보세요!

ⓒ 홍기훈, 2023
ISBN 978-89-509-6425-2 (04300)
        978-89-509-9470-9 (세트)